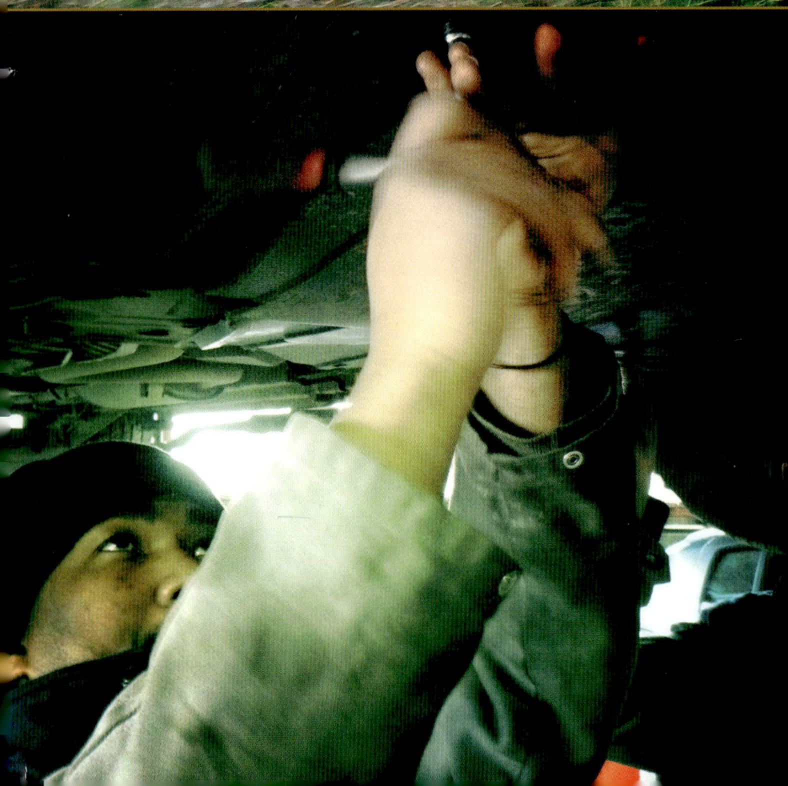

ENTRE TRAVAIL ET INSERTION : TÉMOIGNAGES

éditions
patrimoines
médias

ENTRE TRAVAIL ET INSERTION : TÉMOIGNAGES

Conseil Général des Deux-Sèvres

Journaliste : Cécile Girardin
Photographe : Éric Chauvet

sommaire

PARTIE II

CONCLUSION

« Prendre la parole » comme si par là même on prenait le pouvoir. Le pouvoir des mots, le pouvoir sur les mots, le pouvoir sur les autres.

« Prendre la parole », comme si celui qui ne pouvait arracher le micro, celui qui ne pouvait sortir son stylo pour écrire, celui qui, par force, restait muet, qui se taisait ou que l'on faisait taire d'un regard ou d'un revers de main, comme si celui-là n'avait plus de pouvoir, même sur sa propre vie, comme s'il subissait les mots des autres qui devenaient un langage étrange puis étranger. Comme s'il était par là repoussé dans une marge hostile, aride et parfois désespérante.

« Prendre la parole ». Oui mais pour la faire circuler, pour la faire vivre, pour la redonner surtout à ceux qui butent sur les mots. Écouter tout ce qu'ils ont à nous dire. Traduire sans trahir, garder la force des silences qui rythment la pensée, préserver les respirations saccadées parce qu'elles parlent bien au-delà des mots.

« Prendre la parole ». Oui ! mais pour la redonner, pour l'offrir comme une main tendue, comme une aide, comme une prise pour affirmer sa propre vie.

Éric Gautier

Président du Conseil Général des Deux-Sèvres

KYMCO
BD
341 K

PRÉFACE DE L'AUTEUR

De janvier à mai 2012, j'ai passé cinq mois en compagnie des vingt-cinq personnes qui ont bien voulu s'entretenir avec moi et se laisser photographier.
Le sujet des interviews était l'insertion par l'activité économique. Le résultat est une réflexion globale sur le travail. Du fonctionnement des chantiers d'insertion, de leur quotidien, de leur ressenti, nous en avons parlé, oui, et c'est que vous trouverez dans chaque portrait. Mais, leur intérêt était ailleurs. Ils voulaient parler du travail, de leurs difficultés d'accès, de leurs motivations, des conditions à réunir pour que « ça se passe bien » et, enfin, de leur envie d'un boulot qui leur corresponde.
Vous allez lire les réponses telles qu'elles m'ont été faites, sans détours, avec humour, parfois avec dérision, avec sincérité, parfois avec une pointe de regret.
Au fil des discussions[1], j'ai eu le sentiment qu'ils se répondaient les uns aux autres sur certains thèmes. Cela explique la présentation de leurs paroles sous forme d'une conversation, comme s'ils débattaient entre eux. Je les ai poussés à aller au bout de leurs idées, à argumenter leurs réponses de manière à dépasser les lieux communs et à affiner leur message. C'est ma grande satisfaction. Nous avons brassé beaucoup de notions, d'idées, donné des définitions aux mots « Insertion » et « Travail ». Nous avons également dessiné pour éclaircir la pensée ou débloquer des entretiens un peu « fermés ».

Au final, leurs questions ne sont-elles pas les nôtres ? Pourquoi travaillons-nous ? Qu'en retirons-nous ? Et la famille, les amis, les loisirs, l'argent dans tout ça ? En les écoutant, j'ai eu l'impression d'un milieu exacerbé du travail. Ils pointent tous l'importance capitale de l'équipe, de l'ambiance, du respect et de la solidarité nécessaires à leur bien-être, lequel se transforme vite en malaise voire en rupture si un de ces points faisait défaut.

Je vous souhaite une lecture agréable et enrichissante.

[1] Les échanges se déroulaient individuellement. Ils duraient entre 30 minutes et 2h30 selon les personnes (et leur moral).

LE CHANTIER D'INSERTION

L'insertion par l'activité économique a pour objet de permettre à des personnes sans emploi, rencontrant des difficultés sociales et professionnelles particulières, de bénéficier de contrats de travail en vue de faciliter leur insertion professionnelle. Elle met en œuvre des modalités spécifiques d'accueil et d'accompagnement.

Les salariés en insertion ont la possibilité d'effectuer un stage ou une Évaluation en Milieu du Travail (EMT) pour vérifier leurs compétences et capacités professionnelles par rapport à un emploi recherché ou découvrir les conditions d'exercice d'un métier envisagé.

Le chantier départemental du Cébron - Au lac du Cébron, Espace Naturel Sensible

Date de création : août 1997
Statut : chantier d'insertion du conseil général des Deux-Sèvres
Type de contrat : CUI CAE, d'une durée de 8 à 24 mois, à raison de 26 h/semaine.
Activités : entretien et aménagement du lac du Cébron, avec la prise en compte du respect de l'environnement et de la biodiversité d'une part ; de l'accueil du public d'autre part.

Nombre de salariés en insertion : 8 salariés, (essentiellement masculin bien que la mixité soit encouragée).
Nationalité accueillie : française
Personnel encadrant : 1 (Olivier Matton, chargé de la coordination de l'équipe et de la mise en œuvre des travaux).
Accompagnement socioprofessionnel :
1 (Françoise Bonet, mandatée par l'association DEFI, prestataire de service pour le Conseil Général).

Le chantier départemental de Chizé

Date de création : mai 2003
Statut : chantier du Conseil Général des Deux-Sèvres
Type de contrat : CUI, CAE
Activités : Élagage, bûcheronnage, petite maçonnerie, pose de clôture, réalisations d'enclos, entretien divers.
Nombre de salariés en insertion : 10
Nationalité accueillie : française et autres
Personnel encadrant : 1 (Francis Rouault)
Accompagnement professionnel :
1 (Élisabeth Jégat, ACTIF)

Chantier Méca - Garage solidaire

La structure est rattachée à Aive, l'Association pour l'Insertion Via l'Économique (75 personnes en insertion)

Date de création : 2009
Statut : Association loi 1901
Type de contrat : CAE (Contrat d'Accompagnement dans l'Emploi), CUI (Contrat Unique d'Insertion) de 21 h/semaine
Activités : mécanique automobile et deux-roues
Nombre de salariés en insertion : 12
Nationalité accueillie : française et portugaise
Direction : 1. Secrétariat : 1
Personnel encadrant : 3 (Lionel Goy, Gilbert Moinard, Cédric Lièvre. Lors des entretiens, Chantier Méca salariait les deux premiers encadrants).
Accompagnement professionnel : 1 (Lucie Arcourt).

La MIPE
Mission pour l'Insertion pour l'Emploi

Date de création : 1996
Statut : Association loi 1901
Type de contrat : CUI-CAE, 24 h. hebdomadaires
Activités : bâtiment second œuvre (maçonnerie et peinture).
Nombre de salariés en insertion :
60 postes
Nationalité accueillie : 39 (Algérie, Arménie, Azerbaïdjan, Congo, Corée du sud, Italie, Irak, Russie, Tchéchène...).
Directeur : 1
Comptable : 1
Référentes de parcours : 2
Secrétaire : 1 (CAE hors chantier)
Personnel encadrant : 2 coordinateurs de chantiers (Dominique Orry et Jean-Philippe Guillemoteau), 4 encadrants techniques (Alain Cabaussel, Bruno Meunier, José Sanchez et Martial Farre, 1 aide-encadrant (Amédée Grandin).
Accompagnement professionnel : 2 accompagnateurs socioprofessionnels (Marion Carpentier et Frédéric Rudel)

De l'argile à la faïence - à Rigné (Thouarsais)

Date de création : 2001 à Soulbrois, 2006 à Rigné.
Statut : communauté de communes du Thouarsais
Nombre de salariés en insertion : douze
Type de contrat : contrat CUI de huit mois renouvelables jusqu'à deux ans.
Activités : création de poterie, modelage, décoration, vente (boutique)
Coordinatrice du chantier : Marie Fablet
Secrétariat : Sandrine Lepainteur
Personnel encadrant : Zaïm Agullo
Accompagnement professionnel : jusqu'en août 2012, l'accompagnement est réalisé Christine Besnardt (Acsopro). Aujourd'hui, Sabrina Delaporte, salariée de la communauté de communes, assure la coordination et le suivi.

Partie I
PORTRAITS
de vingt-cinq salariés en insertion

Note de l'auteur

J'ai commencé tous les premiers entretiens de la même façon ; je leur demandais de réfléchir au travail qu'ils réalisaient sur le chantier d'insertion.
Et je leur posais la question suivante : « Spontanément, quels sont les mots qui vous viennent à l'esprit ? »
La question « Spontanément ? » résume cette démarche dans le texte des portraits.
Vous verrez que certains ont été plus bavards que d'autres en dépassant les trois mots demandés...

Le portrait est l'occasion pour eux d'évoquer (ou non) leur parcours, leur journée de travail et leur vision de l'insertion par l'activité économique.

Bruno

Cinquante-cinq ans, originaire de l'Oise
Premier contrat

Spontanément?

Ce que je vois ici m'apporte tout, ça m'a redonné un but à la vie déjà, parce qu'y en a qui sont plantés complètement les gars, vieux ou jeunes. Ici, c'est pour pouvoir repartir. Pour les jeunes qu'ont jamais travaillé de leur vie, d'avoir un départ. Eux, ils vont pouvoir s'orienter sur quelque chose.

Avant le chantier du Cébron?

Je travaille depuis mes treize ans. Il y a eu très peu de pause, à part les arrêts pour accident du travail. J'ai été maçon de treize à vingt-et-un ans, j'ai fait l'armée, l'entreprise familiale a fermé en 1977. L'Oise, c'est six mois d'eau, quatre mois de neige ou de verglas et deux mois de beau temps... alors onze ans sous l'eau, nan, nan, on arrête là. J'ai eu mon accident en décembre 1978, j'ai divorcé, j'ai été arrêté un an et demi. Puis un autre en 1980. Je suis arrivé définitivement ici dans la région en 1980. Il fait meilleur ! J'ai travaillé un an et demi en usine mais le patron a mis la clef sous la porte et moi, j'ai été licencié. J'ai été chauffeur routier, j'ai roulé ma bosse dans tous les domaines mais plus dans le domaine espaces verts depuis que je suis en Deux-Sèvres.

J'ai fait beaucoup de métiers, je voulais voir dans les autres métiers ce qui se passait. Maintenant, je suis paysagiste, c'est là-dedans que je veux me lancer. J'ai un CAP en horticulture. Me suis installé en auto-entreprise à force d'être refusé par les entreprises. Je suis resté un an, j'avais un gros client. Puis, je suis resté au chômage, j'ai épuisé mes droits, et après bon ben, j'ai vécu grâce à quelques clients que j'ai toujours d'ailleurs, en chèque emploi service. Quand je rentrais sur le chantier, j'ai dit à mes clients : « Maintenant, je suis libre que le mercredi, samedi et dimanche. »

Le chantier du Cébron ?
C'est pas Pôle Emploi qui va me donner du travail, c'est l'assistante sociale qui m'a parlé du Cébron. J'ai postulé, j'ai reçu un courrier d'ici que j'étais trop diplômé, donc refusé, mais comme il y a eu un désistement, on m'a appelé et voilà.

On est normal par rapport à ce que les gens pensent. Ils pensent qu'on est sur un chantier d'insertion parce qu'on est bon à rien, qu'on ne sait pas trouver du travail. Si on est ici, c'est qu'on veut faire quelque chose. Oui, côté travail, je suis comme tout le monde, à part les aides derrière. On dit qu'on est des fainéants, qu'on est pas apte à trouver du travail. Moi, suis levé depuis 4h30 ce matin et suis pas fatigué ! Je crois qu'on est équivalent à un ouvrier normal. On est ouvrier. On est salarié. Je ne dis pas que je suis en insertion, on s'en fout. Je dis que je travaille au barrage du Cébron, c'est tout. Si on n'avait pas fait les démarches, on ne serait pas ici.

Nous, au contact des employeurs, ça marche pas. On ne sait pas ce que l'employeur peut avoir comme avantage à nous employer, mais l'assistante sociale, elle, elle le sait. C'est pour ça qu'on passe par elle, comme ça les employeurs, ils savent les droits qu'ils peuvent avoir sur nous. Elle se démène très bien pour les ouvriers. Olivier, lui, il bosse comme nous mais il supervise tout le chantier, il est le global du chantier. Il évite les accidents, les problèmes et tout.

On est en contrat mais nous recherchons toujours du travail quand même malgré qu'on en ait un. Je suis un ouvrier en attente pour laisser sa place à ceux qui attendent du travail en insertion. On cherche une place qui convient pour le problème qu'on a eu dans la vie. Moi c'est l'âge, d'autres parce qu'ils n'ont jamais travaillé de leur vie. Libérer ma place, ça me booste à retrouver du travail et même à trouver du travail pour les jeunes.

Définition de l'insertion?
Avec l'insertion, on peut dire qu'après on rentre dans la société avec un stage, un emploi. C'est me redonner un départ à la vie par le travail.

Des nouvelles de Bruno depuis l'entretien:
Mes deux jumelles marchent bien à l'école, elles sont en CP. J'ai envie de donner mon envie de travailler à mes enfants.
Mon contrat n'a pas été renouvelé car j'ai jamais trouvé de travail. Et comme y a du monde derrière qui attend, on m'a fait partir.
Aujourd'hui, je suis au chômage, je vais attendre jusqu'au mois de septembre. J'emmène mes petites en vacances et après je repars derrière. Faut que je travaille en intérim pour être tranquille.
Le chantier, oui, c'est valable mais pour les jeunes. Quand tu arrives à la quarantaine, t'es coincé. Les patrons veulent des jeunes.

Charley

Quarante-sept ans, originaire de l'Oise
Troisième contrat

Spontanément?
Travail, vie de famille et éducation.

Avant le chantier du Cébron?
J'ai un CAP d'agriculture, je travaille depuis mes quatorze ans... dans une entreprise agricole, moissonneuse-batteuse... aussi sur l'A16 en travaux publics. Puis, j'ai déménagé en 2000, en Deux-Sèvres. J'avais des contrats saisonniers aux pommes, je travaillais à peu près huit mois de l'année. Quand je ne travaillais pas ici, je repartais dans l'Oise, trois, quatre mois chez mon ancien patron. Les pommes, c'était de 2000 à 2008.
Puis deux ans de chômage, le RSA... les pommes je ne pouvais plus y aller, je n'avais plus de permis. Et puis, pendant le travail, il fallait le permis de toute façon. Quand on est au chômage pendant deux ans, on n'a plus envie de chercher, rien, on se déplace, on se déplace, et on trouve

rien. L'ANPE m'avait bien proposé une place mais à 70 kilomètres derrière Niort, de l'autre côté... et quand t'as pas le permis, ben, ça fait trop loin en scoot.

Le chantier du Cébron?
En étant au RSA, je rencontrais Françoise. J'ai postulé ici, j'ai passé un entretien. Faut montrer qu'on a envie de bosser. Et puis voilà. Je dis que je travaille au lac du Cébron, je ne cache pas que je suis en insertion. Je ne pense pas que ça soit tabou. Ça ne me met pas mal à l'aise. Je pense que certains ont un regard positif sur l'insertion, mais peut-être pas tout le monde. Ici, on travaille, et si on dit le contraire de nous qu'ils viennent avec moi et on verra bien. Et puis s'ils viennent, on avancera plus vite ! *Il sourit.*

Ici, on est bien suivi pas Olivier ou par Françoise. Avec Olivier, je fais de l'entretien et de l'aménagement. Avec Françoise, je cherche, aussi un peu de mon côté, je regarde les offres d'emploi. J'avais beaucoup de papiers en retard, beaucoup de choses à remettre en place. J'ai trouvé de l'aide avec Françoise. Pour le permis c'est pareil, c'est avec elle qu'on arrive à dépatouiller.

Ces deux personnes changent tout, on est écouté, hm, comment dire, on n'est pas tout seul, on est assez soudé. Ils font partie de l'équipe, ça va ensemble. Cette impression-là, je ne l'avais pas du tout aux pommes. À ce moment-là, j'en avais pas besoin. J'en ai eu besoin quand je suis tombé dans le chômage.

C'est vrai, ici, c'est un bien, je me sens différent par rapport à avant. Je me sens beaucoup mieux. C'est comme un renouveau, un nouveau départ en fait. C'est oublier l'alcool, un nouveau départ avec la mère des enfants, une nouvelle vie de famille, c'est une nouvelle case. Voilà, il y a eu l'alcool, en fait. Je me suis fait enlever le permis. Là normalement, c'est en voie pour le repasser. J'ai fait une cure pendant le temps du chantier. Je ne pensais pas que j'allais repartir aussi vite.
Je suis une personne en insertion, assisté oui et non, oui par l'accompagnement... enfin aidé, non, pas assisté, car j'ai de la volonté. Suis aidé mais suis volontaire. Suis beaucoup moins en difficulté, y a plus que le permis.

Définition de l'insertion?
L'insertion, c'est rayer des cases et en ouvrir d'autres. Le travail me le permet, le salaire... C'est quitter ce qu'il y avait eu avant, aller dans quelque chose de nouveau. Un « avant », un « pendant » et un « après ». L'insertion, c'est éviter de tomber à zéro. Ici, c'est le dernier carrosse ! N'importe qui peut monter dedans.

Des nouvelles de Charley depuis l'entretien:
Je me suis marié au mois d'août. J'ai invité tous mes collègues du chantier d'insertion. Un mois après, j'ai eu un accident du travail en tombant sur la hanche. J'ai été hospitalisé une semaine et je suis rentré chez moi. Je garde le moral.

Philippe

Cinquante et un ans, originaire de l'Oise
Premier contrat

Spontanément?

On fait un peu de tout, du débroussaillage, on dégazonne les allées, on ramasse les mauvaises herbes. J'aime bien parce que c'est la campagne. Je suis un enfant de la terre.

Avant le chantier du Cébron?

C'était plein de petits boulots, j'ai fait de la menuiserie en même temps que l'école, en 3e pratique-théorie. Ça m'a dégoûté de la menuiserie. Puis en maçonnerie… j'étais impulsif… j'ai cassé le contrat… puis des petits contrats… au bout d'un mois de chômage, j'ai dit à mon père: « *J'en ai marre de rester à rien foutre, je vais à l'ANPE.* » Il était 6 h 30 du matin, j'ai fait vingt-cinq bornes.

À l'ANPE, j'ai pris un carton, il fallait un aide-maçon, moi j'étais manœuvre, mais la dame, elle m'a dit qu'il y a cinq kilomètres à faire.

- Mais, qu'est-ce que ça peut faire ? Je viens d'en faire vingt-cinq à pied !
- Ah bon !
- Beh oui !

J'arrive à l'entreprise, je tombe sur la secrétaire qui me dit « le patron va vous recevoir ».
Le patron me dit :

- Ils me font chier à l'ANPE, c'est pas possible... j'ai pas besoin d'un manœuvre !
- Oui, mais moi j'ai besoin d'un travail !
- T'es motivé ?
- Ben oui, après trente bornes à pied, moi je suis motivé, je viens.
- Mais tu vas faire comment ?
- À pied s'il faut, mais je serai à l'heure.
- Je te fais confiance, j'te fais un mois à l'essai.

J'ai fait vingt ans ! C'était dans les travaux publics dans l'Oise. J'ai eu la médaille du meilleur manœuvre de l'entreprise. C'est pas fou la vie ?
Pour des problèmes dorsaux, j'ai été obligé d'arrêter, en 2000. J'ai été au chômage quatre, cinq ans dont un an de maladie. On est arrivé en Deux-Sèvres le 17 mars 2007. C'était un changement de cap, on a changé de département, de région. J'ai été ripeur, voilà, deux, trois boîtes d'Intérim, j'ai fait la COLAS, je faisais du panneau. Voilà, j'ai fait un peu de tout en fait. J'aime toucher à tout. Se spécialiser dans une chose, c'est oublier le reste. Puis dix mois de chômage et grâce à Françoise, j'ai eu un suivi et elle m'a fait rentrer ici.

Le chantier du Cébron ?

On était vingt à l'entretien, que deux de retenus. Je me dis que c'est quand même une chance d'être là, hein ! J'explique aux gens que je suis en chantier d'insertion. C'est pas tabou. On n'est pas des bêtes noires non plus. Le problème du public, c'est de ne pas venir vers nous. Prendre le temps de se parler, on a tout à y gagner. C'est pas en restant silencieux qu'on avance. C'est un boulot comme un autre ici. On bosse dur !
Je suis là depuis le 1er septembre et déjà bien intégré. Un mois d'essai et après on signe le contrat. Six mois renouvelables. Et j'ai appris ce matin qu'il sera renouvelé. Oui, tant mieux, tant mieux, impeccable ! C'est 835 euros... j'ai une fille à charge de cinq ans, elle n'a plus sa maman. Je pense

surtout à elle, c'est ma priorité, combat, combat, comme je disais à Françoise tout à l'heure... De l'alcool, suis toujours malade, on est malade à vie. Sans le chantier, je ne sais pas si j'aurais été en cure. La veille au soir de partir de la cure, je me suis rasé. Suis un nouveau, l'ancien est parti. Il était pas si mauvais que ça l'ancien, mais il fallait partir sur de bonnes bases. Là, si tout va bien, je vais rentrer dans un lycée ou un collège, on a commencé à préparer de la paperasse là-dessus hier... On est un peu privilégié aussi quelque part... Ce qui est pas mal quand même... Mais bon... C'est peut-être pas un boulot comme un autre en fait... Je ne sais pas si c'est vraiment aidant tout ça au final... parce quand on retournera dans la vraie vie, ben, on devra se débrouiller tout seul... C'est aidant pendant la période des deux ans, oui, oui, c'est positif, c'est positif... Mais c'est l'après qui fait peur quoi. En fait, c'est en quelque sorte un peu comme sortir de l'école. Tu es... un peu en milieu protégé et puis quand tu sors de l'école, t'es livré au monde.

Définition de l'insertion?
Le chantier, ça sert à revenir dans le monde du travail, un retour à la vie active et de repartir sur de bonnes bases.

Les nouvelles de Philippe depuis l'entretien:
Je suis toujours au Cébron. Je finis fin août.
J'ai déménagé de Thénezay à Airvault. Je repasse mon code en juin en espérant l'avoir. Avec Françoise, on travaille sur l'EMT pour une entreprise d'Airvault. Avec le permis, je pourrai m'exporter plus loin quitte à déménager encore. J'en profite que Vicky est petite.
Je me booste tout seul de toute façon mais c'est Vicky mon eau vive.
Le chantier, c'est bien mais à force c'est lassant quand même, on refait toujours les mêmes choses. Ça devient inintéressant, le jardin est laissé à l'abandon, y a plus l'ambiance du début et... puis faut passer à autre chose.

Dimitri

Trente ans, originaire de La Rochelle
Premier contrat

Spontanément?

Je pense à ma famille car pour l'instant c'est pour m'en sortir et nourrir mes deux enfants, c'est surtout ça avec ma copine. Car sans emploi c'est dur et en même temps j'apprends des choses et on touche un peu à tout. C'est polyvalent et on est dehors, ça c'est un truc que j'aime bien. Je pense à ce qui peut arriver derrière, en cas où il y a quelque chose qui arrive.

Avant le chantier d'insertion de Chizé?

J'ai une formation carrosserie. J'avais un super maître d'apprentissage.
Après, j'ai travaillé dans une concession. Y a eu un nouveau patron, pas mal sont partis, dont moi, j'étais le dernier arrivé.
Puis, j'ai eu des petits contrats en intérim. J'ai fait un an de chômage.

Le chantier de Chizé?
J'avais déjà fait une demande. J'avais pas reçu le courrier, j'ai demandé pourquoi j'ai pas été pris. « C'est rare de voir quelqu'un qui appelle » alors que j'avais pas eu de feuille pour un rendez-vous ici, m'a dit Francis. Suis passé à 9 heures, avant tout le monde, et puis j'ai eu la réponse pour venir ici une semaine après.
On fait de l'aménagement au niveau du zoo, nettoyage, réparation, un peu de tout.
Un boulot à part? Oui et non, c'est un boulot, mais le seul truc, faut y aller doucement. Y en a qui s'en foutent, ils viennent là c'est pas pour bosser, c'est pour avoir les sous, pour être présent. Je dis pas qu'ils ne font rien, mais s'ils ne feraient rien, ça ne les dérangerait pas du moment qu'ils ont les sous. Moi, j'ai ma tâche à faire, ils font ce qu'ils veulent et puis c'est tout. Suis avec mon collègue Lee, on bosse tous les deux, alors si y a une personne qui bosse pas, on s'en fout. Je ne me demande pas ce que je fais là mais ce qu'eux font là! Ça se trouve il a piqué la place à un papa ou une maman qui pourrait être ici pour s'en sortir.

Moi encore à mon âge, ça peut passer mais des jeunes de dix-neuf, vingt ans, au lieu d'être là, ils pourraient refaire des apprentissages, comparés à nous, qu'on est trop vieux pour ça. On se pose la question plus d'une fois. Ils commencent juste, tout juste majeurs et ils sont là! Comme les personnes âgées, qu'est-ce qu'ils ont pu avoir pour être là, en insertion?

Le regard des autres? Il ne me touche pas, c'est un boulot comme un autre, qu'on soit derrière un bureau ou dehors, c'est pareil, on a une paye à la fin du mois. Globalement, ils mettent un ticket sur les gens en insertion mais ils ne viennent pas voir. C'est pas normal, si ça se trouve, ils changeraient d'avis. Ce mot-là doit pousser à mettre des étiquettes. On sort de prison, on a fait des conneries, on est bon à rien, illettré, on a un problème mental. Mais on est tout à fait normal!

C'est même rare de trouver un boulot comme ici, sachant qu'on bosse et y a une dame pour notre suivi, on a plein d'avantages. Elle fait des démarches, elle cherche du boulot pour nous, des formations et elle demande comment ça se passe ici. J'envoie des courriers, CV, lettre de motivation, pas le choix. Mais c'est le boulot le plus important.

Définition de l'insertion ?

C'est pour nous remettre dans le « droit chemin », façon de parler, qu'on reprenne notre vie en main et qu'on retrouve quelque chose.

Pour moi, c'est souffler déjà, le temps de remonter la pente, ça me laisse le temps de chercher ailleurs, c'est ça qui est bien.

Des nouvelles de Dimitri depuis l'entretien :

Je suis toujours à Chizé, au quatrième contrat. C'est positif, j'aurais bien voulu rester là. J'ai fait une EMT au service technique du zoo. Ça s'est bien passé. Pour après, soit j'ai de la chance et ils me prennent là, soit je trouve ailleurs. Mais je ne cherche plus dans les garages. J'ai plus envie.

Lee

Quarante-cinq ans, Anglais
Quatrième contrat

Spontanément?
J'ai entendu tous les mots... non je rigole...
Je dis « Entretien ».

Avant Chizé?
Je suis arrivé en France en septembre 2005, en famille. J'ai divorcé en 2009. Mon fils est resté avec moi, pas ma fille.
En Angleterre, je travaillais en usine. Je fabriquais les pièces pour les voitures avec les machines à commande numérique.

Ici, c'est la campagne, c'est calme, tranquille, mais pas beaucoup de travail. Les usines sont loin. En 2006, j'ai travaillé dans ma maison. En 2007, 2008, j'ai eu des bons moments avec des maçons anglais. J'ai posé des dalles dans une piscine. J'ai fait aussi les chèques emploi service, l'association intermédiaire. J'ai fait la toiture, j'ai débroussaillé, les pierres, le carrelage, un plafond, du placo... Dans mon travail en Angleterre, c'était nécessaire d'être très précis, au millième de millimètres. À cause de ça, c'était très facile pour moi de travailler les pierres.

Après, c'était neuf mois de chômage, en 2009.

Le chantier de Chizé?
J'avais pas compris, je savais pas ce qu'était un « chantier d'insertion ». L'assistance sociale m'a dit « mais si ». Suis resté sinon c'est le chômage.

Ici, c'est pas exactement la vérité. Quand j'ai travaillé avec un maçon, c'était professionnel, c'était bien. Ici le zoo, c'est pas le travail, juste ici, le blabla, pas comme dans les entreprises, toujours bien préparé, très efficace. Je sais pas, peut-être c'est moi, peut-être bien pour les autres? J'ai demandé pourquoi je suis là. Au début oui, c'est vrai j'ai eu des problèmes, le divorce, les problèmes avec ma fille en Angleterre, je sais pas bien.

Si on me dit « Lee quelqu'un veut ta place », je la donne! Au début, je ne me sentais pas différent. Parce que c'était une autre équipe, là suis moins bien dans l'équipe.

Le début a été très positif, pendant huit, dix mois. J'ai appris des choses bon « ok » mais après? Qu'est-ce qu'il y a à faire? C'était très intéressant mais maintenant que j'ai appris tout ça!? Ils me gardent car j'ai des compétences... ou après parce que j'aurais rien... *il rit*... je sais pas.

J'ai trouvé un CDI en 2011 mais j'avais acheté les billets d'avion pour voir ma fille, elle est en Angleterre, donc je lui ai promis. J'ai vu ma fille trois fois en deux ans, c'est pas beaucoup, donc ça c'était très important à voir ma fille. Je dis « oui » pour le contrat? Et après je vais un mois en Angleterre? Non, ça marche pas. Les vacances c'est juste en août. En Angleterre c'est plus flexible, pas en France. Et aussi, c'était pas mon métier et faire tous les jours la même chose... Alors, j'ai refusé.

Définition de l'insertion ?

Je sais pas bien. Je peux dire que j'ai trouvé plus de confiance en moi, je me sens mieux.

Des nouvelles de Lee depuis l'entretien :

En ce moment, c'est mieux parce que j'ai un peu de travail avec les chèques emploi, en entretien et maçonnerie.

Maintenant, je crois que je regrette Chizé. Oui, je suis un peu triste, c'était un bel endroit, le chef, Françoise, ils étaient impeccables. Je regrette de ne pas avoir eu plus de patience... à cause de la langue, je n'ai pas beaucoup aidé l'équipe...

Je pense que le chantier est bien pour les gens qui ont des problèmes dans la vie. Je comprends mieux à quoi ça sert. Oui, ça m'a aidé. Je garde le moral.

Patrick

Cinquante-cinq ans, originaire de Paris

Deuxième contrat

Spontanément?

Varié, intéressant, en binôme ou en équipe.

Avant le chantier de Chizé?

J'ai commencé à travailler à quatorze ans. J'étais à Paris dans une usine de produits de beauté pour femme, déjà j'allais pas à l'école, mes parents ont demandé une dérogation à l'académie qu'ils ont accepté. J'ai cinq CAP.

J'ai bossé qu'avec des femmes. Deux ans là-dedans! Après coursier à seize ans, puis j'ai arrêté car mon père était à la retraite et ils sont revenus dans leur ville natale. C'est là que je suis parti à l'armée. J'avais dix-sept ans et demi quand je me suis engagé dans la légion, pendant cinq ans. Après, pas de chômage, on partait d'un boulot pour un autre, c'était la bonne période. J'ai fait

des forages, en abattoir, du jardinage, des CES[1], des petits boulots, ça durait un an, deux ans. C'est moi qui partais. Puis j'ai fait dix-huit ans dans la ligne, j'ai fini OHQ[2].
Comme j'étais dégoûté par le boulot, mes deux ans de chômage d'après, c'était une envie.

Je suis aussi bénévole, à Lourdes, à la cité Saint-Pierre[3]. C'est du loisir... du loisir bénéfique car on se rend compte qu'on a besoin du contact avec les gens. Même sans parler, un sourire ça fait beaucoup. On les sert, on discute. On reçoit des gens du monde entier, croyant ou non, pour qu'ils se sentent apaisés. Ça fait du bien à tout le monde.

Le chantier de Chizé?

Je n'aurais pas dû être là. Je ne rentrais pas dans la case. Ils prennent des gens qui faut aider à mettre le pied à l'étrier, se remettre dans le bain, se lever le matin, travailler en équipe, tout ça quoi. Si je suis là c'est que j'ai bien quelque chose comme eux. Mon chômage longue durée, un critère sans doute.
Avant de venir là, j'aurais pensé que tout de suite « c'est des gogoles ». Aujourd'hui, je vois que certains sont illettrés, ça les gêne, pas de leur faute, si on leur avait dit, le matin: « Tu te lèves et tu vas à l'école. Le soir tu fais tes devoirs ». Et puis c'est peut être pas ça, ça rentrait peut être pas. Donc on juge mais avant il faut connaître la route de la personne.
Je me sentais supérieur alors qu'il y en a qui ont le BAC. C'est pas parce qu'il est en insertion, qu'il est un bon à rien. C'est facile de juger quand on ne sait pas de quoi on parle.

On est des gens en insertion... on est pris pour des pestiférés quand même. On vous prend car faut pas rester au chômage, on va vous faire faire des trucs simples pour vous. « Ils sont un peu gogoles, on va pas les booster de trop. » Ici, on peut vous dire « vous êtes trop qualifiés pour venir ici ». On m'a pas accepté, ça veut dire on prend que des idiots, pour moi ça donnait une mauvaise image des autres. C'est quoi comme déchets qu'ils prennent ici alors? Et puis après on m'appelle pour me dire que j'embauche! Alors je suis un déchet aussi?

Notre quotidien: planter des clôtures, tirer des grillages, tondre les pelouses, tailler les haies. On bine, on remet du gravier dans les allées, on élague, on coupe. Comme on fait de tout, c'est

au chef de repérer un gars qui a les dispositions, le rôle de la formation rentre ; lui faire faire un petit peu de tout et voir sur quoi il est capable. Ces deux personnes doivent faire équipe.
Quand la formatrice m'a dit qu'il fallait que je fasse un truc en entreprise, je lui ai dit qu'il fallait que ça soit un truc que j'aime. Elle m'a dit que certains ont passé le permis poids lourds. Ça a fait tilt dans ma tête, j'ai parlé des cars. Elle m'a dit « pas de problème ». Ils ont été tous étonnés que je l'ai du premier coup à l'âge que je suis. Mais non, j'aime, alors c'est facile. J'ai passé le permis « car » au mois de décembre grâce au chantier et là je dois passer la FIMO[4]. Dès que je l'ai, moi je veux partir conduire les cars.

Définition de l'insertion ?
Remettre le pied à l'étrier. Se lever, arriver propre. Ils sont là pour réapprendre à vivre en société. Ça donne un aperçu de ce qu'on doit être dans la vie.
L'insertion nous redonne goût au boulot parce que c'est pas l'entreprise. C'est pas un boulot normal parce que ça se passe pas pareil. Y a des écarts. Dans une entreprise : « T'as un 15 minutes pour tailler une haie ». Ici tu peux passer la matinée, c'est pas gênant. Mais il faut de bonnes bases, faut que ça soit carré, pas rond ! Quand ça traîne à 9 heures du matin, c'est une très mauvaise habitude, ça n'existe pas chez le patron ça.
On vient bosser mais dans des conditions adaptées. Faut pas le prendre comme un boulot normal mais comme un tremplin, qui peut servir à tout le monde en fait.

Des nouvelles de Patrick depuis l'entretien :
Je cherche tout le temps du travail. On me dit clairement que je suis trop vieux à cinquante-six ans, seulement à quatre ans de la retraite. Finalement, le chantier et mon permis ne m'ont pas apporté grand chose.

1 CES : Contrat Emploi Solidarité
2 OHQ : Ouvrier Hautement Qualifié
3 La cité Saint-Pierre a été créée par le fondateur du secours catholique pour permettre aux personnes les plus pauvres de venir en pèlerinage à Lourdes en étant accueillies, nourries et hébergées.
4 FIMO : La formation FIMO (Formation Initiale Minimum Obligatoire) est une formation obligatoire permettant d'obtenir la qualification pour exercer le métier de conducteur de marchandises ou de voyageurs.

Damien

Vingt-cinq ans, Guadeloupéen
Premier contrat

Spontanément?
Un travail, la mécanique, un travail avec des horaires.

Avant le chantier Méca?
Je suis arrivé en métropole en mars 2011. Je voulais changer et voir ce que la France pouvait m'apporter de mieux. J'avais un peu de famille à Niort.
Sur l'île, j'ai fait un CAP Froid-Climatisation mais j'ai pas fini mon année. J'avais dix-neuf ans. Après, j'ai fait plein de petits boulots, un peu de mécanique, de gardiennage, d'espaces verts. De courte durée et au noir.

Quand je suis arrivé en France, j'avais un peu la trouille, mais ça va, ça s'est bien passé. Ici, je touche le RSA, j'ai trouvé le petit travail chez Chantier Méca, ce qui fait que je m'en sors mieux,

1 000 euros par mois et la CMU à mon nom. Avec les aides, je peux vivre et voir si je peux réussir dans ce que je veux. Une nouvelle vie quoi, un Damien renouvelé !

Le chantier Méca ?

Ici, on veut pas forcément être mécanicien, je suis venu ici à force de ne pas avoir trouvé. La mission locale m'avait déjà proposé, je ne voulais pas et puis elle m'a redemandé et j'ai écouté son conseil et voilà où j'en suis. Elle a eu raison, je serais resté à rien faire sinon...

Bon, c'est pas un vrai boulot, le chantier Méca, car je travaille pas toute la semaine et dans un vrai garage, y a plus d'heures et on est mieux payé, voilà. Mais ça te montre comment ça serait dans un travail. Ici, j'apprends un métier et la vie du boulot, avec des heures et des jours fixes. On a des chefs, c'est eux qui nous disent « faites ci, faites ça » mais ils sont plus tolérants. On fait un bout de chemin ensemble, c'est comme un couple. C'est une alliance, on fait quelque chose ensemble. Ils font bien leur boulot, comme du coaching on va dire. Quand on se sent patraque, on parle et tout. C'est pas comme un patron où tu vas travailler et c'est tout.

En fait, ce qui est important ici, c'est ce que je fais avec Lucie, sinon je crois pas que je serais ici. On regarde pour des stages, on cherche dans les deux roues ou dans les animaux. Les stages, c'est pour voir si y a des personnes qui voient mes aptitudes et veulent de moi... y a des gens qui ont le BAC et tout mais qui ne sont pas aussi bons sur le terrain, alors avec un peu de chance, je me dis que je vais trouver un stage et qu'on me garde. Lucie me rassure dans le sens où elle m'explique et aussi elle me dit que je vais peut-être pas trouver car, dans ce que je veux faire, y a beaucoup de gens et les patrons demandent beaucoup d'expériences... et moi je viens juste d'arriver. C'est encore plus dur pour moi.

Avant chantier Méca, c'est comme si j'avais rien à faire, alors j'ai pris ce boulot. Maintenant que j'ai ça, le projet pro, ça va beaucoup mieux. Je pense que, pour tous, Lucie est importante, car ici, ce n'est que pour deux ans, ce n'est pas un CDI, donc il faut travailler avec elle pour avoir quelque chose après. C'est comme une ambassadrice. Si demain je dois trouver un contrat, c'est grâce à elle, mais si ça n'aboutit pas, ça sera pas de sa faute à elle, voilà quoi. Toutes ces étapes, ça fait du bien, tu essayes au moins. Le chantier Méca m'a permis de pas laisser tomber, de continuer, d'avancer, de m'émanciper, d'être plus mature.

J'aimerais avoir un bon emploi, dans ce que j'aime, la mécanique ou les animaux. Le zoo, ça me plairait, mais j'en suis loin, suis tout en bas. Il me faudrait un CAP ou un BAC. Si j'arrive à avoir les diplômes déjà, ça serait bien et après on verra, il peut toujours y avoir des inconvénients dans la vie. Même si j'aime bien les animaux, je sais que ça sera dur. J'avais déjà ça en tête en venant en France. Mais chantier Méca m'aide à pouvoir le faire.

Définition de l'insertion?
Les chantiers d'insertion, ça sert à m'insérer dans la vie active. Ici, ça m'aide à manger et à boire. J'ai besoin du chantier Méca tant que je n'ai pas de travail stable.
L'insertion, c'est le passage à la vie active.

Des nouvelles de Damien depuis l'entretien:
Je suis sorti du chantier Méca, j'avais trop de dépenses par rapport à ce que je touchais. J'ai été obligé de laisser le boulot pour trouver mieux. Je travaille sur la Sèvre, on la nettoie. C'est un CDD.
Le chantier a été une super occasion d'avancer, ça m'a fait beaucoup évoluer.

Jérôme

Vingt-deux ans, originaire de Niort
Quatrième contrat

Spontanément?

On arrive le matin, soit on est habillé ou on va s'habiller. À huit heures, on est dans l'atelier avec les chefs. Ils nous distribuent le travail. On se met sur les véhicules, on regarde la fiche de travail, on fait les étapes, on démonte s'il faut, on les appelle si on a un souci. Une fois que c'est fini, on contrôle avec le chef pour voir si le travail a été fait correctement. On remplit une feuille qui permet au chef d'atelier de rentrer sur l'ordinateur le temps et les tâches qui ont été effectuées. Et une fois qu'il a vérifié, donc c'est bon, on attend le travail d'après.

Avant le chantier Méca?

Je travaille depuis mes dix-neuf ans. J'ai un BEP et un CAP carrossier-peintre. J'ai jamais eu de travail fixe, j'ai commencé en tant que peintre, après j'ai ramassé des noix, j'ai fait de la mise en rayon, travaillé sur les quais, maintenant mécanicien. J'ai eu que six mois de chômage je crois.

Je sors d'une formation carrossier avec un stage de six mois dans un garage. J'ai signé un CDI chez eux mais j'ai été licencié. Pas assez de productivité.

Le chantier Méca?

C'est la mission locale qui m'a envoyé là. Je savais même pas que les chantiers d'insertion existaient. Insertion... rien que le mot « Insertion »... les gens se disent que les jeunes ont fait des bêtises. Ils ont une mauvaise image sans nous connaître. Je voudrais qu'ils viennent nous voir, qu'ils se déplacent, leur dire qu'on n'est pas là pour faire n'importe quoi mais pour que le travail soit fait. Ce nom, il va pas, il faudrait qu'ils l'ôtent. Il porte préjudice à ceux qui... qui sont dans le droit chemin. 'Fin ouais c'est vrai qu'on est une petite exception à ne pas avoir eu de problèmes avec la justice... Le chantier leur montre que de travailler, c'est pas forcément mal et tout. Quand on me demande, je dis que je suis « ouvrier mécanicien au sein de l'entreprise Chantier Méca ».

Je crois que l'insertion, c'est une bonne solution mais faudrait pas que ça existe. C'est le monde... il ne va pas forcément bien. Après, si tu te lèves le matin que t'as pas de but, c'est ton problème, c'est pas le mien. Pour ma part, je ne suis pas là les yeux fermés. Moi, je suis là et je fais ce que je dois faire. Je suis allé faire des stages pour vérifier mes compétences. J'en ai fait trois, ou deux, je ne sais plus, en peinture. Mais avec ma maladie, je ne peux plus continuer là-dedans. C'est pas que je veux pas, c'est que je peux pas. J'ai fait reconnaître ma maladie il y a deux ans. Un truc important ça. Je suis à la SAMETH[1] qui s'occupe des personnes qui ont des soucis et ont besoin d'un poste aménagé.

Chantier Méca, c'est pas comme un garage pro. On n'a pas la pression, on nous donne pas une durée comme dans un garage classique après faut pas non plus s'endormir sur le travail. J'ai un métier ici dans le garage mais en dehors non. Si on est réaliste, mes deux ans d'expérience à chantier Méca, ça fait un an, même pas, six mois pour un patron. On fait beaucoup la même chose. Je suis un mécanicien temporaire, car après, je ne sais pas ce que je ferai, peut-être autre chose.

Grâce à Lucie, mon projet pro est plus clair. Elle nous dit comment faire avec les papiers de la vie, les démarches professionnelles. Ça me rassure, on n'est pas tout seul.

Définition de l'insertion ?
L'insertion c'est revenir dans le droit chemin, c'est savoir s'insérer dans la vie active. Moi, je vois ça plus comme aller vers un travail fixe, stable alors que les patrons voient ça comme de la réinsertion. Je suis quelqu'un qui a envie de travailler mais j'ai pas eu forcément la possibilité de trouver un travail fixe. Je suis une personne assistée à la recherche d'un emploi.
En fait, l'insertion c'est une bulle qui ressemble au monde du travail. Il faut que le travail soit rendu correct mais c'est vrai que c'est un petit bout du monde du travail sans les inconvénients, la pression. Je ne sais pas si ça va m'aider.

Des nouvelles de Jérôme depuis l'entretien :
J'ai été prolongé de six mois à chantier Méca (je les remercie !) pour aller au bout de mon nouveau projet professionnel (vente, magasinage). Depuis, je ne trouve pas de boulot, rien du tout.
Chantier Méca m'a permis de prendre confiance en moi, d'évoluer sur le plan professionnel et de découvrir un métier que je connaissais pas, la mécanique.

[1] SAMETH : Service d'Appui au Maintien dans l'Emploi des Travailleurs Handicapés.

Madi

Vingt-quatre ans, Mahorais
Premier contrat

Spontanément?
Tout se passe bien.

Avant le chantier Méca?
Je suis de Mayotte, j'ai passé mon BEP mécanique là-bas et j'ai voulu venir en métropole pour le BAC. Mais j'ai quitté le lycée, j'ai pas passé mon BAC pro.

Après, j'ai galéré, mais vraiment galéré, un an et demi de chômage, un peu d'Intérim, de la manutention à la Macif, un mois et demi, et deux mois pour réparer des palettes chez un patron. J'attends des résultats d'un test que j'ai passé à Poitiers pour être mécanicien dans la gendarmerie. J'ai trouvé ça car j'avais déjà fait des tests pour l'armée, bon j'ai échoué, mais un mois après je suis retourné faire des tests. J'ai été convoqué au Cerfa, j'ai discuté avec le mec, l'adjudant. Il m'a expliqué, m'a ouvert d'autres possibilités, pour m'aider à m'en sortir de la galère. Suis parti monter le dossier et voilà. Si c'est une mauvaise nouvelle et ben tant pis et puis voilà. Y a pas à être déçu si je suis pas pris, on repartira sur un autre truc. Je voulais juste aller voir si ça pouvait être positif, c'est tout.

Avant chantier Méca, mon moral c'était pas vraiment une ligne droite, ça a chuté, chuté vraiment, mais je ne baissais pas les bras, je cherchais, cherchais.

Le Chantier Méca?

J'ai passé deux ans à chercher un patron, à continuer toujours dans le même domaine, j'arrivais pas à trouver direct un métier, alors mon conseiller m'a dit : « Tu veux toujours aller au chantier Méca? » Il m'a réexpliqué, il a vu la directrice, j'ai passé l'entretien. Mais la première fois que je suis venu, c'était pour louer un cyclo. J'ai vu les jeunes, ils faisaient des trucs que moi j'avais envie de faire, ils touchaient au moteur que j'avais pas eu la chance de toucher pendant mes quatre ans d'études. Alors, j'ai dit « ok » parce que j'avais envie.

Si j'ai bien compris ce que nous faisons là, c'est pas pour le salaire, c'est pour apprendre la mécanique, même si on le veut ou on le veut pas. C'est pour travailler ton projet pro histoire qu'à l'issue de ces deux ans, ou même pas, si t'es vraiment dedans, dans ton projet avec Lucie, tu peux demander à aller faire des stages pro, dans ton domaine ou autre, ou aller visiter pour voir si ça te plaît ou non. Le stage, ça sert à montrer que t'es motivé à faire tel ou tel truc. Le patron peut se dire : « Il travaille bien et pourquoi pas le prendre. » Tu peux avoir un contrat d'essai et si t'as échoué, revenir ici.

J'ai beaucoup appris. J'aimerais progresser encore. Aussi avec l'accompagnatrice sociale. J'aimerais avoir une formation, histoire d'avoir plus de connaissances plus approfondies sur la mécanique, l'électricité, l'électronique parce que maintenant y aura plus de mécanique dans les voitures. Comme je connais pas mal la mécanique, connaître des trucs en l'électronique pour fusionner les deux.

Définition de l'insertion?
Ça sert à aider les jeunes, de ne pas être sans rien faire, de travailler à côté, de gagner un peu de salaire pour financer des projets à lui. Ici en métropole, le projet, c'est « permis », « permis ». À la mission locale, on me disait que c'était pour les jeunes qui s'en sortent pas du tout: « Mais toi, tu as un niveau, donc je vois pas pourquoi t'envoyer là-bas ». Au début, j'avais une vision négative car on me disait que c'était pas pour moi et je croyais que c'était du bénévolat.
Je ne savais pas ce que c'était un chantier d'insertion. Maintenant, je sais ce que c'est.

Pour moi, insertion c'est une chose, l'avancement c'est autre chose.
- Avancer: si t'as rien, tu peux pas avancer, sans sous, tu peux rien faire, pas se loger, manger... Si on a les moyens, c'est moins difficile d'avancer, d'aller vers son objectif. Avancer c'est progresser, donc c'est apprendre, apprendre, apprendre. Avancer, je ferais une ligne droite et s'insérer des hauts et des bas, car c'est pas facile, c'est couci-couça. Pour avancer, je dois accroître mon expérience et compléter par une formation.
- L'insertion, c'est s'intégrer dans un autre truc que tu connais pas, dans un groupe. T'arrives dans une autre société que t'as envie d'intégrer, que c'est pas facile. T'es obligé de savoir comment ça marche. Y a des gens qui m'ont aidé, la mission locale, mon grand frère, vu que sa femme était plus diplômée. Et y a moi! Et maintenant Lucie. Il y a aussi les rendez-vous qu'on prend pour visiter les chantiers, des entreprises, ça élargit nos possibilités de recherche. Maintenant, j'ai compris comment ça marche, mais bon, c'est toujours des réponses plus négatives que positives. Tu vas là, c'est non, et puis là, c'est non.
L'insertion, c'est un rond-point, y a plein de sorties, mais y a pas d'issues. J'en ai déjà fait le tour plusieurs fois et avec Lucie, on va recommencer, recommencer. Je vais aller voir dans des centres de contrôle technique et voir leurs formations.
S'insérer, c'est choisir ses pistes, les tester et revenir si ça va pas. Je choisis mon truc tout seul, c'est pas Lucie ou la mission locale, non, c'est moi tout seul. Ça vient plus de moi, c'est ça l'insertion, c'est moi qui choisis mon chemin. Dans le rond-point, je suis avec Lucie, mais après c'est comme des portes sur des appartements on peut dire, je rentre, je vais chercher si ça me convient ou pas, je vais sortir, en chercher un autre... Si tu prépares bien ton projet pro, après tout va bien.

En fait, s'insérer, c'est pour le travail et s'intégrer c'est plus dans la société, là où je vais chercher à m'intégrer. C'est d'abord analyser tout ce qui se passe autour de moi, me faire mes idées moi-même. Si c'est pas bien, pourquoi suivre ce chemin ? Si c'est bien, pourquoi ne pas faire comme les autres ?

Des nouvelles de Madi depuis l'entretien :

J'ai été renouvelé deux fois. Ça se passe toujours bien. Pour les tests, ça n'a pas marché, mais pour moi, c'était comme le rond-point, je suis allé voir et ça n'a rien donné et puis voilà. On a lâché la piste des contrôles techniques, ça me disait pas trop de percer dedans en fait. Je cherche une formation en électronique.

Et puis, j'ai fait un stage chez Feu Vert, ils m'ont proposé un CDI. J'ai encore deux mois d'essai et j'espère être pris. Sans chantier Méca, je n'en serais pas là aujourd'hui, ça m'a apporté beaucoup !

Maxime

Vingt ans, Réunionnais
Premier contrat

Spontanément?

Des fois, c'est chiant, rien à faire. Des fois comme ça, des fois autrement.
Des fois, t'es même en retard pour débaucher!

Avant le chantier Méca?

Je cherche du travail depuis que je suis ici, en France, j'avais seize ans.
J'ai dit à ma mère: « Quand je viens ici, j'arrête l'école. Je me vois mal à dix-sept ans en 3e. » Alors, j'ai arrêté en 4e. Ma mère est venue en premier, puis mon beau-père et moi. Suis venu tout seul comme d'hab'.
J'étais suivi par la mission locale, ils m'ont envoyé à la chambre des métiers pour trouver un patron, en boucherie, c'était dur. J'ai trouvé des patrons, je bossais bien pendant le stage

mais ils ne prennent pas d'apprentis. Après, j'ai travaillé en espaces verts pendant trois mois, en Intérim.

Sur l'île, je me prenais pas la tête, je faisais ma vie, tranquille, comme elle vient. J'allais pas au cours comme il faut, je voyais des potes. Maintenant que je suis ici, le moral, le boulot, tout ça, ça monte et ça descend. Quand ça monte, ça monte beaucoup mais quand ça descend, ça descend tout en bas... et je remonte après... Là en ce moment, je monte et je monte. Quand je suis vraiment dégoûté, ça descend. Je veux que ça monte et que ça descend plus. Et après on verra la vie hein !

Le chantier Méca?

Ils critiquent, les gens : « Ici, c'est une boîte qui accueille les gars qui sortent de prison. » Ça m'agace, c'est pas vrai. Ils disent n'importe quoi, moi je me débrouille depuis mes seize ans. Je n'aurais pas cette envie, je ne serais pas là à 7 h 50 du matin.

À la mission locale, on m'a dit « Mécanique? », « Ah oui oui, je prends !... Et l'autre c'était quoi ?... Espaces verts ?! ... Ok, ok, je garde la mécanique. » Ça fait depuis l'âge de douze ans que je fais de la mécanique, carrosserie, comme ça, avec mon oncle. Mais, en arrivant ici, je croyais que je venais une semaine et pas plus, les chefs m'inquiétaient, les gars aussi, mais je me suis trompé, c'est vraiment cool.

Les chefs, c'est comme un prof, si t'oublies, il te répète toujours la même chose. Faut bien regarder aussi. Une voiture, c'est un gros puzzle, faut bien réfléchir. Un jeu risqué, tu peux casser un moteur.

Je veux avancer. C'est une bonne épreuve là, ces six mois. J'ai bien progressé. Je fais des remises à niveau en français, avant c'était réunionnais, réunionnais, c'est un patois français mélangé créole. Je confonds des mots, c'est pas évident. Suis tout le temps en attente de remise à niveau. J'ai dit « laisse tomber », on m'a dit de pas laisser tomber. J'attends feu vert pour passer, suis en attente. Il me faudrait au moins un CAP, en mécanique c'est mieux. Mais c'est plus pour après, comme l'école c'est pas mon truc... il faut d'abord que j'ai de la patience, faut pas que je m'énerve quoi. Être plus patient, c'est la base qu'est tout, c'est en 1. En 2, la mécanique, bien connaître les pièces comme ça si je vais en CFA, je connaîtrai des trucs et tout. En 3, mon projet pro et en 3 aussi, passer mon CAP.

Définition de l'insertion?
Je sais pas du tout, je me suis jamais posé la question, c'est un garage comme un autre. Tu bosses pareil.

Des nouvelles de Maxime depuis l'entretien:
Je suis toujours à chantier Méca. Ça va, je progresse, je progresse.
...
J'aime bien ma photo, il y a de la force en moi.

Alex

Quarante-cinq ans, en métropole depuis cinq ans. Deuxième contrat

Spontanément?

Je suis venu pour me professionnaliser parce que je sors juste de formation en 2010. J'ai fait des demandes d'emploi. On te demande toujours des expériences et puis je n'avais pas mon permis... alors je me suis dit: « Qu'est-ce qu'il faut faire en moi-même? ».
Moi je suis un AEB, Agent Entretien du Bâtiment, extérieur/intérieur. Il fallait un endroit qui me permette de me perfectionner et en même temps passer mon permis. La MIPE est tombée à point nommé!

Avant la MIPE?

Tout s'est déclenché quand ma mère a fait un AVC, j'avais neuf ans. Là tout est parti, j'avais plus de cadre, j'ai dévié. Un copain m'a filé un joint et voilà c'est parti. Pour compenser les émotions négatives, j'ai pris le plaisir... pour couvrir le chagrin de ma mère. Je me suis plongé dans le monde de la nuit. Alcool, drogue, la coke et c'est très, très, très dur. Le jour, je réparais les télés, j'étais câbleur, opérateur de son et tout. Et puis, il y a la nuit. Je vivais en dehors de la société. Après, trois ans dans la rue, j'ai coulé.

L'objectif primaire n'était pas de trouver du travail, non, c'était de sortir de la drogue. Couper le cordon ombilical avec la Martinique, la famille, les amis et voir quelque chose de nouveau. Suis arrivé à Lourdes, j'ai passé deux ans et demi dans une communauté italienne, religieuse. C'est la « communauté du Cénacle », marquez-le. Les neuf premiers mois ont été assez difficiles, la barrière de la langue, entendre du portugais, de l'italien, du russe... la nourriture, il fallait assimiler tout ça, sortir de son cocon. Il y avait un cadre à respecter, qu'il fallait accepter et c'est ce que j'ai fait.

La France était plus qu'une cure, une bouée de sauvetage. Cinq ans après, ça va beaucoup mieux. Comme on dit en Martinique, il faut poser un pied après l'autre.
J'ai eu un parcours faussé. Je le rétablis. Je suis sur la bonne voie, faut pas changer.

La MIPE?
Pour l'instant, je me suis basé sur un an. Passer le permis, prendre de l'expérience, faire des stages et trouver un travail. J'ai eu le CACES[1], je ferai un stage dedans, comme ça je pourrai dire si ça me plaît. Ici, on change tout le temps, on touche à tout, dommage pas à la plomberie et électricité. Je veux emmagasiner le plus d'expérience possible.

Là, c'est un travail comme un autre, y a rien de dévalorisant, vous faites le même travail que les autres. Il en faut des chantiers d'insertion, si, si. Ceux qui ne veulent pas la MIPE, ils veulent tout, tout de suite, ils veulent pas faire le long terme, ils misent sur le court terme. Là, on a toutes ses chances. Tu fais ça mais tu peux chercher à faire autre chose et tu as des gens pour t'aider. Des gens se plaignent mais ils ne cherchent pas à savoir. Pour eux, la MIPE, c'est un travail alors que ce n'est pas que ça. C'est de la réinsertion et ça ils ne comprennent pas. Tu peux faire une formation. Ici, on doit pas se plaindre. On est là pour se servir de la MIPE, il faut le prendre comme une chance.

En insertion, il faut avoir dès le départ la bonne attitude. Ne pas s'en foutre. Sinon, on n'est pas prêt pour l'entreprise. On te demande toujours la même chose : « Est-ce que tu as téléphoné ? », « Tu as pris contact ? ». Ils cherchent à savoir si tu es actif, si tu fais des démarches, sinon c'est pas la peine.

C'est l'insertion par le travail mais aussi par le social, diriger les personnes sur tels et tels trucs, ça je le découvre petit à petit. Le social pour moi, c'est pas très bien fait. Il manque encore des trucs. Quand tu arrives, on te parle que du boulot, les chaussures de sécurité, les horaires et boum ça s'arrête là. Le social est là mais je l'ai découvert au fur et à mesure.
Le mot « Insertion », c'est comme... la route, tu conduis, t'es déjà dans la file, tu sais déjà conduire, tu t'insères dans la file, tu es dans le mouvement. Mais là, on n'est pas dedans, on n'est pas dans la file. Nous, c'est de la réinsertion, on est encore plus loin, il faut encore nous tirer, t'es sorti et on nous remet dans le bain.

Définition de l'insertion ?
C'est un centre d'orientation et de travail, ne jamais perdre l'habitude de travailler. Ça te laisse largement le temps de voir et faire autre chose, de te poser les bonnes questions.
Pour t'orienter, si tu as besoin d'indications.
Le travail doit aider à ta réinsertion.

Des nouvelles d'Alex depuis l'entretien :
Je suis à la Mipe, il ne reste plus que quatre mois à faire.
Tout ce que devait apprendre, c'est acquis, je l'ai appris. Je suis en capacité de voler de mes propres ailes. J'ai moins d'appréhension qu'avant, je sais que maintenant je suis capable, je n'ai plus peur.

[1] CACES : Certificat d'Aptitude à la Conduite en Sécurité.

Florence

Trente-cinq ans, originaire des Deux-Sèvres
Premier contrat

Spontanément?

Je découvre pas mal de choses en étant ici. J'apprends. J'approfondis mes connaissances.

Avant la MIPE?

Je travaille depuis mes dix-huit ans. J'ai arrêté l'école en 3e à dix-sept ans puis j'ai fait une formation (mobilisation de projet) pendant deux ans. J'ai fait un CES [1] de deux ans à l'hôpital de Niort, puis des CDD comme agent d'entretien. Des périodes de boulot, six mois, un an... puis pas de boulot. Je n'ai pas fait d'intérim encore. Je ne suis jamais passée par Pôle Emploi, je faisais mes démarches toute seule même si j'étais inscrite. J'étais au RSA.

Je suis aussi bénévole à la protection civile. J'ai sauvé un ami, il a fait une crise cardiaque, j'ai fait les premiers gestes, j'ai fait ce qu'il fallait. Ma sœur aussi a fait un AVC devant moi. On m'a dit de

faire du secourisme, j'ai passé mon brevet en octobre 2010. Je peux faire les postes de secours, on a des formations à faire, les secouristes tout ça, moi j'aime bien.
J'ai bien pensé quitter Niort, mais c'est partout pareil. Des amis ont fait ça et ils sont vite revenus. Par rapport à ma sœur, je ne veux pas trop m'éloigner... s'il y a un problème, je ne vais pas mettre trois heures à venir...

J'ai mon assistante sociale, une accompagnatrice ici à la MIPE, Marion Carpentier et une autre, Claire Béguier, avenue de La Rochelle, elle m'a trouvé ici et c'est Pôle Emploi qui m'a envoyée vers elle.

La MIPE?
Je ne trouvais pas de travail et j'ai voulu changer de branche, c'est pour ça que je suis là. On nous a demandé quelles sont nos difficultés, la drogue, l'alcool. On nous demande de répondre franchement. On parle beaucoup de soi... enfin plus avec les collègues qu'avec l'accompagnateur. On est tout le temps ensemble, alors ça crée des liens. Ils nous aident dans nos démarches, pour trouver du travail, tester... Je vais certainement faire une EMT en espaces verts pour voir. C'est bien, on voit si ça nous plaît.

On fait plus de démarches qu'à Pôle Emploi, eux à part aller les voir une fois par mois... On nous connaît, on nous donne du travail, on nous en cherche. Je fais les démarches, contacter les entreprises, les offres mais faut toujours de l'expérience, alors c'est pas évident.
Le rôle de l'accompagnateur? Nous aider à pas nous écarter, à rester au milieu!
L'accompagnatrice, c'est pour trouver du travail et Claire quand j'ai besoin, je l'appelle et mon assistante sociale m'aide pour mon permis de conduire. Suis bien entourée, je m'entends bien, elles sont faciles à joindre. Je suis toujours inscrite à Pôle Emploi mais on n'a pas à faire l'actualisation. Je reçois des offres sur ma boîte mail. J'en reçois pas en ce moment... J'en ai reçu pas mal pendant un temps pour faire de l'entretien, mais une heure, ça valait pas le coup. Quand j'ai besoin, moi j'hésite pas, je les appelle. Ils sont là pour ça hein! Les deux plus importantes, c'est l'accompagnatrice et Claire Béguier.

Je voudrais passer un maximum de temps ici, on apprend pas mal de choses. Je suis contente d'avoir appris, ça ajoute une connaissance en plus, je m'améliore. Savoir faire quelque chose, ça rassure moi je dirais. Je pense que je peux encore faire plus. Je veux apprendre, je prends. C'est comme à la protection civile, j'apprends plein de choses. C'est pareil.
J'ai progressé au niveau de la tapisserie, de la toile de verre, du placo. Après, c'est dur sur les chantiers, il fait froid... mais bon la peinture j'aime bien et puis y a le salaire !

J'ai des étapes de six mois dans la tête avec la MIPE.

Définition de l'insertion ?
C'est pour nous aider à aller dans le monde du travail. Pour ceux qui ont été au chômage, le fait de reprendre leur rythme de vie, de se lever le matin.
Le boulot court pas les rues, c'est chaud quand même, c'est plus nous aider dans les démarches, quand on a besoin d'eux.

Des nouvelles de Florence depuis l'entretien :
Je suis toujours à la Mipe, c'est mon dernier contrat. Normalement, je devrais rentrer dans une formation AEB[2], j'attends que l'AFPA m'appelle, j'ai des tests à passer.
Ici, à la MIPE, j'ai appris beaucoup de choses. C'est positif.

[1] CES : Contrat Emploi Solidarité
[2] AEB : Agent d'Entretien du Bâtiment.

Joël, dit Jojo

Cinquante-quatre ans,
originaire de Valenciennes. Cinquième contrat

Spontanément?
Quand j'arrive sur le chantier, je me dis que je suis là pour travailler, pour bien travailler, pour rendre le boulot propre. Faut que le client soit content. Je fais comme si c'est pour moi.

Avant la MIPE?
J'ai un CAP de maçon, j'ai été à l'école moi. J'étais maçon, j'ai travaillé pour les grandes entreprises. La première a fermé, la deuxième aussi, après pour un artisan que j'ai quitté pour une grosse boîte qui a mis tous les maçons dehors et je suis parti en Belgique et je suis venu à Niort. J'ai travaillé pour une entreprise de démolition. J'en ai eu marre. Sept boîtes en tout.

Ça fait quinze ans que je suis à Niort. Ici, il fait plus doux, à Valenciennes, il fait froid, -6°, -7°, il pleut beaucoup. C'est pour ça que je suis venu en Deux-Sèvres, c'est plus agréable pour travailler.

Ça faisait trois ans que j'étais au chômage avant de rentrer à la MIPE. J'ai le permis mais pas de voiture. J'ai touché pendant trois ans. Je faisais les chèques emploi service.

La MIPE?

À la MIPE, on fait du bon boulot, c'est vrai hein! Des murs en pierre, des enduits, du jointement, maçonnerie en parpaing, du coffrage de temps en temps.

Ici, c'est pas comme chez un patron, on a plus le temps, on est moins stressé. L'insertion c'est pas un gros boulot, pas comme chez un employeur mais comme ça le jeune il sait c'est quoi travailler.

Dans la journée, y a des coupures, y a la cigarette, faut pas les pousser non plus hein, c'est de l'insertion, sont pas habitués. Pas la peine d'aller vite et de tout refaire après... Progressif.

J'en ai vu passer des jeunes, ils arrivent, ils repartent, une journée, suis habitué maintenant, font trois jours, puis arrêt maladie. Il est déjà malade! Si on vient là, c'est pour travailler! C'est louche. Les jeunes, ils ont plein de problèmes, en tout... familiaux, d'argent, de logement.

À ceux qui n'ont jamais travaillé, je leur dis: « Attention, chez un patron, c'est pas le même rendement. À la MIPE, c'est pour vous remettre au niveau les gars et vous remettre au travail. Faut faire comme si vous travaillez pour un patron. » Ils ont du mal à comprendre.

Comme j'ai de l'expérience, j'encadre les jeunes, les vieux aussi. Les gars m'écoutent: « Bon Jojo, comment faut faire? » Ils préfèrent me demander à moi les conseils qu'à l'encadrant. Ça le soulage un peu. Je suis le chef d'équipe et l'encadrant le chef de chantier.

J'ai plus mes vingt ans mais le travail ça me fait pas peur. Le dos, pas tellement, de temps en temps, une petite douleur là, j'ai déjà eu deux hernies discales, mais ça va, je travaille à ma cadence. Y a des jeunes qui n'arrivent pas à me suivre hein! *Il rit.* Mais revenir travailler en entreprise, je sais pas si je peux, ça fait tellement longtemps.

Définition de l'insertion?
La MIPE permet aux jeunes de toucher à tout, après ils voient ce qu'ils préfèrent. C'est un peu un centre d'information et d'apprentissage, y a les deux, faut apprendre à travailler et à faire la maçonnerie. C'est tout un ensemble... Mais la maçonnerie, c'est long, c'est dur, un jour peut-être ils seront maçons.

L'insertion, je trouve ça très bien pour les jeunes. Y a les centres de formation pour les adultes, ben y a l'insertion pour les jeunes.

Des nouvelles de Joël depuis l'entretien:
Moi, c'est toujours pareil, je suis toujours à La MIPE, mais je suis responsable des équipes, je m'occupe des chantiers.
Mon contrat s'arrête normalement en septembre. Après, on verra.

Olivier

Trente-huit ans, Guadeloupéen
Quatrième contrat

Spontanément?

On arrive à l'heure pour embaucher, aller sur un chantier pour voir qu'est-ce qu'il y a à faire, de prendre la décision avec l'encadrant, de voir qu'est-ce qu'on a besoin et combien de temps pour faire la préparation et après c'est la finition, la peinture.

Avant la MIPE?

En Guadeloupe, j'ai quitté très jeune l'école. On avait des difficultés, ma mère était toute seule avec quatre enfants. J'ai débuté très tôt dans le travail pour ramener un salaire à la maison, j'étais le seul garçon.

J'étais peintre. Je suis venu en métropole en 1993 pour faire mes deux ans de service militaire. J'ai sorti caporal chef. En 1995, j'ai commencé par la mission locale, on m'a fait faire des stages. Après les stages, j'ai fait de l'intérim, des trucs d'insertion, EIVE[1] tout ça, des boulots précaires quoi. J'avais jamais plus! *Il rit.* J'ai travaillé à La Rochelle tout ça... je faisais de tout, c'était impeccable, j'apprenais sur le tas, je m'adaptais au boulot mais jamais dans la peinture. À la ville de Niort, je faisais du nettoyage, du balayage... j'avais un souci de voiture, j'étais en retard, c'était problème sur problème. J'ai perdu mon permis... Ils n'ont jamais voulu me renouveler mon contrat à cause de ça. J'ai fait un an sans boulot. Alors, vous êtes bien content de vous retrouver à la MIPE. Déjà à Niort, y a pas de travail, alors si t'es à vélo!!

La MIPE?

Quand je suis arrivé ici, ils m'ont dit: « Vous avez fait beaucoup de choses, c'est pas une place pour vous, vous savez travailler ». Ils m'ont pris par rapport à mon chômage et à mon vélo, mon beau petit vélo, que j'ai mal à la jambe, je vais embaucher quand même.

C'est une bouée de secours qui m'a aidé, qui m'a bien fait apprendre le métier de peintre. Aussi, ici il y a des gens qui savent faire. J'ai amélioré ma pratique. On me fait confiance, j'ai acquis de l'expérience. C'est un troc, j'ai donné mon savoir et ils m'ont donné le leur. Tout me plaît ici, l'ambiance, le travail, si je sais pas faire, je demande. J'aide sur les chantiers, je forme. Si la personne n'a pas compris, je peux réexpliquer plusieurs fois, pas de problème. S'il a compris, il pourra faire pas mal de murs, c'est bien!

Ici, on apprend, c'est plus lent, c'est pour apprendre le milieu du travail même si c'est juste un petit travail, que trois jours par semaine. On ne vous demande pas de le faire vite comme chez un patron, vous prenez le temps pour le faire. C'est un travail comme un autre sauf pour le rendement. *Il rit.* Oui, c'est plus « Olé Olé » que chez un patron!

La MIPE vous aide dans le quotidien, à trouver un patron. On vous guide au niveau du boulot, les formations tout ça. Avec M. Rudel, c'est « qu'est-ce qu'on envisage? » J'ai fait des stages en peintre industriel, mais moi je cherche peintre en bâtiment. Toutes les places sont prises, là je suis sur liste d'attente. Mon projet, c'est le permis, approfondir mes connaissances dans la peinture en faisant la formation. Je voudrais être peintre décorateur en fait et comme ça revenir dans les boîtes d'intérim avec un petit « plus ».

Franchement, si la MIPE n'existait pas, je ne sais pas ce que je serais devenu. J'aurais galéré. Pourtant... les gens ont une mauvaise image de l'insertion. Sur un chantier, ils vous disent même pas « bonjour ». À l'encadrant, oui, mais pas à nous ! C'est grave... comme si vous n'existiez pas... c'est ce mot « Insertion » qui fait ça. En ouvrier normal, on serait mieux vu, comme si on était plus bas que terre, comme s'ils étaient tout en haut du sommet et nous tout en bas de l'échelle. Vous croyez que ça donne envie ?... Mais faut pas y penser sinon tu fais du mauvais boulot. Faut pas imaginer les gens. On fait notre petit intérieur à nous. C'est magique, hein, ça marche ! C'est vrai c'est un peu dur quand même. On leur demande pas de tuer quelqu'un, juste un « bonjour » ! Ou alors, on vous serre la main mais la tête sur le côté, comme s'ils disaient « bonjour » à celui d'à côté, ou ils baissent la tête, ils regardent vos chaussures... le corps dit tout hein ! La politesse normalement ça existe partout, dans les familles, au travail. On nous ignore : on n'est pas intéressant ? Un « bon...jour » c'est « passe une bonne journée ». Non ? C'est plus à la mode ? Un « bonjour », ça retire rien sur personne, ça va pas décolorier la secrétaire hein ! *Il rit...*

Définition de l'insertion ?
L'insertion c'est pour les gens qui n'ont jamais connu le milieu de l'emploi. Ils veulent des gens qui n'ont jamais rien fait, qui n'ont pas grand-chose sur le CV. La MIPE donne la chance à tout le monde pour retourner à l'emploi... enfin à tout le monde... à ceux qui veulent faire quelque chose de leur vie, après s'ils veulent tirer au flanc, ne rien faire, ne rien apprendre, c'est leur problème.
L'insertion, c'est pour les gens qui veulent travailler.

Des nouvelles d'Olivier depuis l'entretien :
Je suis toujours à la recherche d'emploi, j'ai mis mon permis en « stand by ». J'ai eu des entretiens à l'ANPE, mais on m'a proposé qu'un temps partiel, j'ai refusé. Je cherche un temps plein. En juin, je retourne cinq mois en Guadeloupe pour travailler et changer un peu d'air.

[1] EIVE : Entreprise Intervention Valorisation Environnement, à Niort.

LÆTITIA

Trente-quatre ans, originaire de Loudun
Deuxième contrat

Spontanément?

Travail en groupe, organisation de vie avec mes enfants... bien-être oh ben oui!

Avant le chantier de Rigné?

J'ai jamais touché le chômage, la preuve que j'avais jamais travaillé, je me suis consacrée à l'éducation de mes enfants. Si... j'ai fait des petits boulots, des « deux-huit ». C'était que de l'intérim, des petites missions par-ci par-là. Je m'arrangeais toujours avec le papa des enfants. Là, à Rigné, c'est quand même des journées complètes.

Le chantier de Rigné?

C'est moi toute seule qui ai demandé à venir. Je suis dirigée par personne. Pôle Emploi ne voulait pas que je vienne. Ma conseillère me disait que j'avais pas le profil, que j'étais capable d'aller travailler toute seule, que j'avais pas besoin d'aide. Mais j'ai quand même besoin d'un coup de main pour me faire connaître auprès des entreprises. J'ai bien fait de ne pas écouter Pôle Emploi, sinon je serais encore demandeur d'emploi non indemnisé. C'est pas eux qui me donnaient du travail, alors moi j'ai dit « j'essaye, on y va. » Je voulais être responsable de mon chemin.

C'est mon ami qui m'en a parlé. J'ai emmené ma lettre à la communauté de communes. À l'entretien y avait plein de monde. J'étais tellement stressée que je me suis trompée sur mon âge, je me suis rajeunie ! *Elle sourit.* J'étais en stress complet mais j'avais envie que ça marche. Après on m'a dit que j'étais sur la liste d'attente, alors je rappelais tous les mois pour pas qu'on m'oublie. Et là, on m'a dit « mais mademoiselle, vous faites partie de nos effectifs le 8 août. » J'ai pleuré toute la matinée, j'étais super heureuse. Là, ils m'ont sauvée.

On a eu une réunion, oui, qui nous explique le chantier, c'est pour nous aider. On pourrait dire que j'ai pas ma place, j'aurais pu me débrouiller en intérim mais j'ai pas de métier dans les mains. On me dit le chantier c'est pour les femmes qui sont en galère patati patata, et je m'aperçois qu'on embauche des petites jeunes de dix-huit, dix-neuf, vingt-et-un ans, j'ai un peu de mal à comprendre le système. La personne qui est devenue intox'... je comprends mais les autres ? Mais voilà ça me perturbe, je me dis qu'il y a plein de femmes qui sont maman, qui galèrent...

On est aidée par Christine pour l'insertion, trouver des stages, elle nous fait faire du sport une fois par mois, elle nous fait visiter les musées, Henri Barré à Thouars, c'était sympa. Elle est importante. Zaïm, elle forme, c'est ma chef, elle m'accompagne pas. Elle est le soutien moral.
Je veux faire des stages pour me faire connaître et connaître les entreprises du Thouarsais, je suis pas d'ici. Et ça peut payer ça. Mais pas de formation, non, c'est scolaire, j'ai pas envie.

Le chantier est là pour ceux qui veulent bosser mais je m'aperçois que certaines ne veulent pas bosser. Quand y en a trop, ça met des tensions. J'estime ne pas avoir trop de problèmes, mais y en a d'autres, c'est du profit, c'est des arrêts maladie à tout bout d'champ. J'apprécie pas ce système, c'est trop souple. Quand on arrive dans une entreprise, on ne se met pas en arrêt tout le temps.

Pour moi, ici, c'est pas un travail comme un autre. C'est moins physique. Travailler sur une chaîne, c'est dur. Ici ça occupe. Dans les entreprises, c'est « démerde-toi », c'est rentabilité. En intérim, c'est que le meilleur gagne, ici tout le monde gagne. On a du temps, on peut toujours demander un conseil à celle qui est en face de nous. Ça donne confiance. Pour une peinture, on demande l'avis de l'autre et du coup on a plus envie de faire les choses et mieux. Au fil des contrats, on fait de mieux en mieux. On se ressource, c'est le bien-être, je reprends de l'énergie, on est fatigué, mais c'est une bonne fatigue, on recharge tout, le travail comble quelque chose.

Il arrive un moment où je suis maman, femme, mais il faut passer à autre chose. À Rigné, je pense qu'à moi et... à la maison ça se passe mieux. Y a toujours les bobos de la vie mais on les prend mieux. Oui, je dirais six mois de bonheur. C'est positif + + +.

Définition de l'insertion?
À s'intégrer dans la vie sociale, dans les entreprises.

Des nouvelles de Lætitia :
Je ne suis plus sur le chantier. J'ai fait trois contrats, j'ai eu un manque de motivation pour les stages. C'est vrai mais c'est un mal pour un bien. Quitter le chantier a été bénéfique pour moi, je travaille plus, je gagne plus en faisant de l'intérim.
Le chantier ne m'a pas apporté du travail, il ne m'a pas fait connaître mais je suis revenue dans un rythme de travail. Avant, je n'y allais pas car j'avais mes enfants, je les « cocoonais », aujourd'hui je n'ai plus de remords à les laisser à la garderie pour aller travailler. Je reste pas à la maison, non, non, non, j'arrive à trouver du travail. Je suis dynamique.

Magali

Vingt-et-un ans, originaire de Thouars
Premier contrat

Spontanément?
Minutie, colombin, finition.

Avant le chantier de Rigné?
J'ai commencé les melons, l'été à seize ans. Première semaine de travail : 52 heures ! Quand j'ai terminé, je me suis dit : « L'année prochaine je n'y retourne pas ». Mais j'y suis allée quand même. J'ai fait six saisons... On se dit que le monde du travail est dur.
Quand j'étais étudiante, à dix-huit ans, je faisais les samedis, en agroalimentaire, les lapins.
J'ai eu mon CAP assistante technique en milieu familial, aide à la personne.
Après, j'ai fait un peu d'intérim dans plusieurs secteurs, la « congèl », le conditionnement, les plats cuisinés. Puis deux mois sans rien avoir. Financièrement je ne pouvais pas faire des formations en plus.

Pour ma part, la mission locale m'a envoyée ici. Elle m'a expliqué en quoi consistait le chantier.

Le chantier de Rigné?
Je suis à Rigné à cause du chômage et du permis que je n'ai pas.

On n'est pas évalué sur ce qu'on fait à la poterie mais sur nos démarches, nos objectifs. J'essaye de faire ce qu'on me dit. Ici il y a des objectifs, le premier c'est de passer le permis... et d'être renouvelée. Il faut pas se dire qu'on est là pour deux ans mais pour six mois renouvelables sur deux ans, sachant qu'il y en a qui sont renouvelés trois mois... ça fait réfléchir. Le renouvellement fait peur à beaucoup de gens.

Je me sers du chantier comme tremplin pour aller plus loin, faut pas rester sur ça. Mon idée est de pouvoir avoir les bases pour pouvoir partir. Admettons si on me propose un contrat dans six mois, dans un an et que j'ai les bases solides, j'irai. Et puis, on nous laisse pas partir comme ça, faut vraiment avoir un contrat. Je regarde les offres, on va en parler à nos encadrants, faut pas se lancer comme ça si c'est pour retomber dans deux ou trois mois... Les formations peut-être aussi, ça dépend si je veux me spécialiser. À un moment je voulais « handicapé », c'était quand je ne travaillais pas, mais c'était payant, alors j'ai pas pu.
Je suis suivie par la mission locale et par le chantier. J'aime bien comme ça. J'écouterais peut-être un peu plus la mission locale car ils me connaissent depuis un peu plus longtemps. J'y vais depuis mes dix-huit ans et c'est toujours la même personne.

On voit Christine pour les démarches, pour les stages, pour les CV, lettres de motivation, ça nous permet de découvrir pas le monde extérieur mais le monde du travail. Je me dis que je suis vraiment à la limite pour pouvoir y rentrer, de me faire connaître, de faire des formations qu'on aurait pas forcément mis le pied dedans. Ici, ça nous effleure pas juste l'esprit en fait.

Je suis plus sûre de mes choix, je connaissais ma voie mais pas exactement. Et ça va me conforter en faisant les stages. Je voulais « Aide à la personne en milieu hospitalier », aide-soignante, mais j'ai revu Pascale à la mission locale, et on est parti sur AMP[1], travailler avec des personnes handicapées, à la maison de retraite.

Je trouve que c'est pas un emploi comme un autre. Oui, y a quand même des commandes à respecter, des objectifs, des exercices à respecter, mais on est plus soutenu pour pas baisser les bras, on a des bords pour éviter de tomber.

Du coup, l'insertion, pour moi, c'est plutôt positif, ça me permet d'aboutir à mes fins. Je le dis que je suis dans un chantier d'insertion « De l'argile à la faïence ». On dirait que ça leur fait un petit peu peur le mot « Insertion ». À la visite médicale, on m'a demandé direct pourquoi j'étais en insertion comme si je venais juste de faire une bêtise ! On n'est pas des fous ou des personnes pas bien dans leur tête. Mais, on va bien ! C'est mal vu, comme si on sortait de prison mais pas qu'on essaye de rentrer dans la vie active. J'essaye juste de trouver un emploi !

Y en a pas beaucoup qui ressortent avec du travail, c'est ça en fait... y en a qui font tous leurs stages, toutes les démarches et qui ne trouvent pas ! En fait, on se dit qu'on va trouver du travail, mais si ça se trouve on n'aura rien.

Définition de l'insertion ?
Ça va me servir à m'insérer dans la vie active. Le chantier précise la route, ça aide à garder le bon cap.

Des nouvelles de Magali depuis l'entretien :
Je suis rendue à mon avant-dernier contrat, je ne sais pas si je vais être renouvelée pour le dernier. J'ai toujours le même projet AMP. Le permis est en cours. Rigné m'a permis de mettre tout en place vis-à-vis de mon projet pro, chose que j'aurais laissé traîner sinon. Dans le monde du travail, j'ai avancé d'un grand pas, vu que je me rapproche de ma formation.

[1] AMP : Aide Médico Psychologique

Nathalie

Quarante-six ans, originaire de Grenoble

Premier contrat

Spontanément?

Poterie, création, peinture. On développe notre créativité. Apprendre la patience, la précision.

Avant le chantier de Rigné?

Je n'ai pas travaillé depuis vingt ans, j'étais mère au foyer, je m'occupais de mes six enfants.

Avant c'était facile, on voyait directement le patron ou le chef de service. Aujourd'hui, on arrive à l'accueil, la secrétaire nous demande d'envoyer un courrier et un CV. Avec un peu de chance, on obtient un rendez-vous.
Pôle Emploi m'a dirigée vers la POE (Portes Ouvertes Emploi) qui m'a proposé le chantier de Rigné. Je voulais un bilan de capacité pour savoir dans quel domaine je voulais me réorienter, mais ce n'est pas évident. Je sais que je ne veux plus me lever à 5 heures du matin pour travailler

en tant que manutentionnaire. Dans le passé, le travail était convivial, maintenant c'est rendement, rendement, rendement. Moi je recherche un travail où quand je me lève j'ai le plaisir d'y aller ; sinon je préfère rester à la maison pour m'occuper de mes enfants. Mais ils sont grands maintenant, ils n'ont plus autant besoin de moi, alors pour éviter l'ennui, j'ai décidé de reprendre le travail.

Le chantier de Rigné ?

Je ne connaissais pas le chantier, ma belle-sœur m'en a parlé un peu car elle y était venue une année.

On a commencé par remplir un questionnaire. Que sommes-nous capables de faire et peut-on s'orienter vers des formations ? Sans le chantier, j'aurais fait les saisons, c'est la facilité. Mais c'est trop dur. Mon état de santé ne me le permet plus. Je le ferais s'il le fallait vraiment mais si j'ai la possibilité de faire autre chose grâce à l'aide du chantier alors tant mieux. Je pense que le chantier va m'ouvrir d'autres horizons.

On a actuellement un bon groupe et ça se passe bien, c'est un plaisir de venir au travail. J'ai fait des stages qui se sont bien passés. On se sent valorisé aux yeux des personnes que l'on côtoie. Certaines personnes réagissent mal quand on leur parle d'insertion. Je ne sais pas pourquoi beaucoup pensent que l'on est des repris de justice, des femmes qui sortent de prison. Ne pas confondre « Insertion » et « Réinsertion ». L'insertion est ouvert à pas mal de monde. Du jour au lendemain, on peut perdre son boulot et se retrouver en bas de l'échelle sociale. Alors, oui, le terme « Insertion » est un peu fort. Quand on me demande ce que je fais, je dis que je travaille en faïencerie, parce que peu de gens savent ce qu'est un chantier d'insertion. Tu peux avoir des difficultés financières, familiales ou autres. Le chantier peut aider à remonter la pente mais à toi de mettre toutes les chances de ton côté pour y arriver. Avant de s'investir pour soi-même, il faut être sûr de ne pas avoir de contraintes à la maison. Le chantier est fait pour les personnes qui ont eu des difficultés familiales, psychologique et des difficultés d'intégration.
Il y a également des jeunes qui n'arrivent pas à trouver du travail, qui ont été très mal orientés à l'école. On peut trouver des formations, découvrir plusieurs métiers, faire des remises à niveau, des tests de capacité, des stages.

Et puis personnellement, ça me permet de prendre soin de moi après vint ans à penser aux enfants.

Définition de l'insertion?
Une chance! Pour redémarrer dans la vie.
On s'insère dans la vie sociale, dans le monde du travail, dans la vie de tous les jours. On participe à la communauté. On est valorisé par les autres gens, par la société.

Des nouvelles de Nathalie depuis l'entretien:
Je suis toujours là, mon dernier contrat s'arrête en septembre. J'ai fait plusieurs stages. Il y a peut-être des débouchés à la sortie. Le chantier a été positif pour moi, j'étais aussi venue pour faire des connaissances, pas uniquement pour le travail. Il m'a apporté des amitiés.

Nelly

Trente-deux ans, originaire d'Angers
Premier contrat

Spontanément?

La reprise du travail. La poterie, ça m'a appris la patience. Parce que j'ai toujours travaillé en usine où il fallait être rapide. Faire un travail net. La minutie.

Travailler en équipe, j'aime bien. Aider les autres aussi.

Avant le chantier de Rigné?

À dix-huit ans, j'ai arrêté sans le BAC.

J'ai fait les melons de dix-sept ans à vingt-deux ans, c'est ce que font les jeunes par ici. Je me suis payé mon permis, ma voiture, ça m'a permis d'être libre. Après les saisons, j'ai fait de l'intérim. À l'usine, il y avait beaucoup de pression, j'ai eu beaucoup de pleurs quand je rentrais chez moi. J'ai fait trois plateformes d'orientation à Thouars, la première pour être vendeuse, fille de chenil et la troisième employée de libre-service.

Puis en 2003 a commencé mon problème de santé qui m'a bloquée pour la suite. Je me suis battue pour faire reconnaître ma maladie, c'était une période très dure. J'étais grosse et obèse, usée, j'en ai pris plein la tête par les médecins... Je ne veux pas que l'on voie que je suis travailleur handicapé, j'en ai honte. Dans la rue, au travail, je ne boite pas. Faut que je sois assise, je ne peux pas passer plus de deux heures debout.
J'ai fait des remises à niveau en français à l'AFPA. À partir de 2008, pendant deux ans, je me suis lancée en BAC pro compta. Je l'ai eu à trente ans. J'étais très fière. En fait, de 2003 à aujourd'hui, en 2012, je n'ai pas travaillé, juste des stages, des formations, je n'étais plus dans l'emploi direct. J'étais en formation récurrente, j'étais rémunérée à faire mon BAC, en plateforme aussi. Mais en boulot normal non. Pendant mes formations, je n'ai pas cotisé.

Après mon BAC, c'était la galère à tous les niveaux, financier, j'ai perdu cinq personnes autour de moi en une année, très dur, 2011. Je pensais que l'année 2012 allait être meilleure mais pas du tout. J'ai appris la maladie de ma sœur jumelle. Elle en a pour un an et demi pour se soigner. Pour moi, je serai un an et demi en stress.
...
Je me considèrerais comme une personne à la recherche d'emploi mais qui a eu beaucoup de freins suite à sa maladie.

Le chantier de Rigné ?
Le boulot me permet de relâcher, de ne pas penser à mes problèmes personnels, à ma sœur... Les filles m'aident beaucoup, elles me font rire, elles m'aident à oublier. Les soucis sont dans un coin. À 17 heures, je rentre chez moi, mais c'est après quand ma sœur m'appelle que ça revient vite.

À la base, on est là pour valider notre projet. Je veux être secrétaire comptable ou secrétaire en mairie, en com' com'. Je me vois pas être dans une grande entreprise ou alors à l'accueil, faut que je voie du monde, avec une ambiance un peu familiale, je veux pas être toute seule dans mon bureau. J'ai commencé un stage, je suis au service animation à la ville de Thouars. Ça se passe très bien.

Zaïm, Christine et Marie sont tout le temps derrière nous pour nous aider. Le fait de nous mettre des objectifs, de nous obliger à faire des choses, ça nous donne un pas vers l'avenir. Elles nous obligent à voir l'avant, c'est très important. Marie nous donne des objectifs, moi je les ai tous faits. Fallait me trouver une voiture, c'est fait, faire un stage, je le fais, passer mon concours Adjoint Administratif de 1re classe, je vais le faire. Zaïm est plus comme un prof' qu'un chef parce qu'elle nous apprend le métier. Christine nous aide à trouver des stages, à rechercher de l'emploi, à envoyer des candidatures spontanées, des CV, à faire des tests pour connaître nos points forts, nos points faibles...

C'est un travail à part parce qu'on rigole, on n'est pas pressé, c'est différent, j'ai toujours fait de l'usine. Ici c'est pas une histoire de rendement. Zaïm ne nous met pas la pression, c'est pas un vrai travail, c'est un travail plus cool, moins stressant, on va à notre vitesse, c'est plus familial. On est materné.

Je dis jamais « chantier d'insertion », je dis « chantier de poterie ». Les gens sont très négatifs. Ils disent qu'on fait des trucs d'anciens taulards. Et ce bouquin fait du bien car ça va renverser la vapeur.

Très peu des gens sortis d'ici ont eu du travail, on se dit : « Est-ce qu'on va y arriver, nous ? »

Définition de l'insertion ?

C'est un tremplin vers la vie active : retrouver le rythme du travail, ne plus ruminer mes soucis. Rigné m'a aidée à reprendre de l'utilité dans la vie. Et ça serait pas un mal de penser à moi, de prendre ma vie en main.

Des nouvelles de Nelly depuis l'entretien :

Huit mois après le début de mon contrat, j'ai été embauchée à la mairie de Thouars suite à mon stage en tant qu'adjoint administratif de 2e classe. Je suis au service « animation, occupation, du domaine public et police du maire ».

Ça va faire un an bientôt que j'y travaille et je suis très épanouie.

Priscilla

Vingt-cinq ans, originaire de Paris
Deuxième contrat

Spontanément?
Travail (2)
groupe (2)
Projet (1)
Le projet est plus important parce c'est ce qui va déterminer l'avenir. On est là mais c'est provisoire, on le sait.

Avant le chantier de Rigné?
J'ai écrit ce texte pour parler de moi :

« À suer mes peurs,
Je me suis retrouvée bien vite,
Pataugeant dans la boue et figée,
Raidie par le froid ou la sécheresse,
Comme une statue qui se fissure
Et puis s'effondre par tant de failles.

Mais un jour, on sent bien que
La graine plantée en nous peut
Encore germer si on le veut tellement ...
Fort.

Alors de mon fardeau,
Je me suis façonnée des outils,
J'ai trituré, j'ai malaxé la terre
Comme autant d'idées, de
Projets, d'identités et d'espoirs.

Et soudainement l'informe
S'est défini, un sentier s'est dessiné
Dans mon esprit qu'il ne reste
Plus qu'à emprunter.

De la gadoue d'autrefois,
Je me suis fait un chemin
Et avant d'affronter les épreuves
Parfois pénibles parfois cruelles
Que la vie, je n'en doute pas,
Me prépare, je me baignerai
Dans l'émail pour partir
Entière, solide et brillante. »

J'aurais voulu être comédienne, chanteuse, artiste interprète. Je suis allée au lycée, j'ai fait deux secondes générales, après j'ai arrêté, j'avais seize ans. J'ai voulu reprendre à dix-huit ans, mais j'ai tenu un mois et j'ai arrêté. J'ai fait le conservatoire, ça aussi j'ai dû arrêter. À vingt-et-un ans, j'ai eu le DAEU A[1], l'équivalent du BAC. À la base, j'ai un problème psycho, des troubles anxieux qui m'empêchent de faire ce que je veux faire.

Je me suis désocialisée, je n'étais plus du tout dans les horaires et ça me faisait de plus en plus peur d'aller parler aux gens. Je n'ai jamais vraiment travaillé. Et voilà, à un moment je me suis dit qu'il fallait que je revienne dans la vie active... et puis les problèmes financiers, c'est pour ça le chantier, fallait que je trouve un truc pour me réinsérer.

Le chantier de Rigné ?
C'est ma dernière chance. Ça fait sept ans que j'essaye de m'intégrer, on m'a parlé de Cotorep en me disant : « *Arrête de vouloir travailler, mets-toi en Cotorep.* » On m'a parlé beaucoup d'hospitalisation, de psychiatrie, j'y ai échappé à chaque fois de justesse en me disant « je me reprends », « je me reprends ». Et voilà, ici, c'est ma dernière chance. Faut que j'aille jusqu'au bout.

J'ai envie que les portes restent ouvertes, j'aime bien ne pas me couper de la possibilité de progresser, mais actuellement je ne cherche pas à me révéler dans le travail. Par contre, mon intérêt pour le travail est très important, ça passe au-dessus de tout, du salaire, faut que ça m'intéresse. J'attends pas une chose particulière, juste que ça m'intéresse. Là, je me suis tournée vers le métier d'AMP. J'ai travaillé cette piste avec la mission locale et quand je l'ai ramenée au chantier, on m'a dit : « Oui, fais les stages pour confirmer. » Après, il y a des formations pour le concours d'entrée et les formations qui peuvent se passer de différentes façons, en tant qu'élève avec une promesse de formation, en formation continue, en contrat de professionnalisation...

Le chantier va me permettre de reprendre mes bases, retrouver les horaires, reprendre confiance, là on me permet d'amener ce socle-là et tout mon potentiel pourra exploser.

Définition de l'insertion?
L'insertion c'est un choix. Si je suis là, c'est que j'ai envie sinon je ne ferais pas cette démarche. Tout le monde ne le fait pas forcément à fond, elles n'ont pas forcément envie mais elles ne durent pas. Elles doivent donner du leur tout le long sinon elles n'ont rien à faire là. C'est une démarche volontaire et active.

Des nouvelles de Priscilla depuis l'insertion:
J'ai quitté le chantier parce que mon ami partait en formation à Angers.
Je suis en formation « vente » mais ça ne me plaît pas particulièrement. Je n'ai pas encore trouvé ma place. Je suis encore en recherche mais je me sens mieux armée. Je dirais que je suis plus insérée dans la société que je l'étais. Je continue dans de meilleures conditions.
Le chantier m'a beaucoup apporté... un nouvel espoir. Tout s'est ouvert.

[1] Diplôme d'Accès aux Études Universitaire, équivalent Bac L.

Anonyme
Vingt ans
Troisième contrat

Il me demande de faire une page blanche ou d'écrire : « Je n'aime pas trop parler de moi. »

Des nouvelles depuis l'entretien :
Je n'ai pas réussir à le joindre. Il a quitté le chantier et plus personne n'a de ses nouvelles.

Anonyme

Vingt-trois ans, originaire des Deux-Sèvres
Deuxième contrat

Spontanément?

Hm c'est compliqué...

De bien faire, apprendre, avoir une bonne ambiance, s'entendre avec les autres. Toujours des choses qui servent dans la vie, même si le bâtiment c'est pas ce que je veux faire plus tard. Y a des jours où c'est plus dur que d'autres, alors si en plus y a des conflits... Ça peut vite dégénérer, alors c'est mieux de s'entendre. On est plus content de venir le matin. C'est pas se forcer.

Avant la MIPE?

J'avais dix-neuf ans quand j'ai arrêté mes études. J'ai un BEP logistique et commercial, pour être magasinier-vendeur. Mais c'est pas mon truc.

J'ai fait un an de chômage, c'était une période difficile.

Puis j'ai fait de l'intérim, par obligation, de vingt-et-un à vingt-trois ans : aide-paysagiste, déména-

geur, manutentionnaire. Et je suis arrivé ici. J'ai pas le permis, pas de salaire à vingt-trois ans. J'avais droit à rien, pas au RSA, ni aux aides du permis car ma copine a un CDI. J'ai que la CAF, l'aide au logement qui a baissé d'ailleurs.
Je sais pas quoi dire de mon parcours. Je ne tire pas de bilan.

La MIPE ?
J'ai été envoyé par la mission locale. Y en a qui sont pire que moi, ils savent pas parler français, sont à la rue. J'ai pas le même parcours, mais j'ai pas le permis. Je suis plus vers le haut quand même. Je me plains mais y a pire que moi. Et puis y en a qui avait tout ce qui fallait à la MIPE et ils se sont écroulés, ça doit être encore plus dur pour eux. Suis au milieu de tout ça.

Suis en peinture. La maçonnerie, ça ne m'intéresse pas de trop, mais voilà, je fais les tâches qu'on me demande. La journée est longue. Quand y a du travail, ça passe. Quand c'est long, on fume ! *Il sourit.* C'est facile, depuis que je suis arrivé à la MIPE, je fume plus qu'avant, mon paquet fait trois jours, plus une semaine. En intérim, t'as pas le temps de fumer hein ! La MIPE n'est pas une entreprise comme une autre, à la base c'est pour apprendre, c'est normal qu'on nous laisse le temps d'apprendre. T'es encadré, t'as un problème, t'appelles, ça vient tout de suite. Mais moi du moment que je travaille !
Ça m'est utile pour le salaire et me lever le matin, reprendre un rythme de vie normale. J'avais perdu le rythme.
J'essaye qu'on pense bien de moi.
Je peux même pas économiser pour me payer mon permis. C'est 1 500 euros, code + permis, c'est pas avec les 700 euros par mois, suis à découvert tous les mois, alors mettre 100 euros de côté... J'ai eu des périodes de ma vie où « on verra bien » mais maintenant je ne suis plus tout seul. Dès que je suis plus motivé, ma copine essaye de me remotiver, elle met la pression, mais positive... Sans elle, j'aurais pas la même vie... elle m'empêche d'aller dans les mauvais trucs du passé. La semaine, j'ai les horaires et le travail, mais pas le week-end... Ma motivation, c'est les montagnes russes, ça dépend des périodes et pour les projets c'est pareil.
Marion aussi est importante, sinon ça serait pas de l'insertion. Ils voulaient m'envoyer passer un pré-concours, mais j'ai dit que c'était trop tôt. J'avais pas fait six mois ici, financièrement fallait voir ce qu'ils me proposent. En ce moment, on en parle moins, on a laissé tomber le volet formation.

C'est aussi à moi de faire les choses, d'aller voir... pour le moment suis pas allé voir, bon j'ai déménagé, mes journées de récupération d'hiver. Donc j'ai pas trop le temps... Enfin, ouais, je camoufle un peu. Y a un moment ou un autre, je serai obligé... enfin moi voilà il faut m'obliger à faire les choses. C'est pas une question de motivation mais de confiance en moi... Je sais que je peux voir Marion quand je veux. Je sais qu'elle est là. Elle attend que je fasse les choses, elle va pas les faire à ma place. Ici, c'est mieux qu'à la mission locale. Eux, ils essayent de te caser, à la MIPE, je travaille et je suis accompagné.
Avec Marion, on parle de la formation d'aide-soignant. Il faut le concours, y en avait une au mois de janvier, mais je savais pas comment c'était financé, c'était un peu trop tôt. À la fin de mes « un an », vu que j'aurai droit à mes Assedic, je pourrai faire ma formation en ayant une sécurité à côté. Si j'y arrive, je le ferai. Si je trouve autre chose, si on me propose autre chose, je le ferai. Mais pas dans le bâtiment, la peinture ça va un moment.

Définition de l'insertion?
C'est aider à reprendre la vie du travail et avoir le temps de faire apprendre aux gens. On te remontre si t'as pas compris. C'est un travail comme un autre sauf que de la pression, on n'en a pas. C'est mieux pour moi je dirais.

La MIPE m'a aidé, j'ai pu prendre mon indépendance. Mais sans plus. On fait des tâches, on a un supérieur. Ça permet de se remettre dans le droit chemin et puis on ne sert pas à rien. Je me disais que je sais pas si je vais y arriver dans la vie. La MIPE me donne de l'espoir en fait, pour après. Elle me donne ma chance, du travail. J'ai envie de rentrer dans le rang avant je m'en sentais pas capable.

Des nouvelles depuis l'entretien:
J'ai commencé mon permis. C'est ma priorité. Après je m'en vais de Niort.
La MIPE m'a permis de vivre, d'être un peu mieux financièrement et j'ai appris des choses.

Anonyme

Vingt-quatre ans
Premier contrat

Spontanément?
Réparation, entretien, service.
Je vois pas d'autres choses, ça englobe un peu tout.

Avant le chantier d'insertion?
J'ai commencé à travailler à dix-sept ans.

J'ai démarré un CAP en maçonnerie, mais c'est pas pour moi, suis physiquement pas compétent pour ça, je tombe facilement malade. Puis, j'ai fait un CAP mécanique auto à dix-huit ans. À la fin du CAP, j'ai pas pu passer les diplômes, je ne me suis pas présenté à l'examen car j'entamais une autre formation, réservée à ceux qui n'avaient pas de diplômes. Donc si je passais mon CAP et que je ne l'avais pas, ben, je ne pouvais pas accéder à la formation. J'ai pris un risque et ça a marché, j'ai été pris dans l'autre formation. J'ai passé un BEP en maintenance d'équipement industriel à la RATP sur deux ans.

À vingt-trois ans, j'ai travaillé chez Kone, les escalators et ascenseurs, un an, puis dans une chaîne de restauration rapide, pendant six mois jusqu'à juillet, août, après je suis arrivé ici, à Niort, chez mon père. J'ai pris du poids, suis monté à cent kilos en un ou deux mois. Bon... après je me suis dégoté un vélo et j'ai perdu. C'était la galère pour trouver du travail jusqu'à ce que je trouve le chantier. C'est la mission locale qui m'a proposé ce chantier.
Je ne voulais pas me prendre la tête avec Pôle Emploi, je m'étais pas inscrit. Je voulais pas rentrer là-dedans, pointer tous les mois, pour pas grand chose au final et y en a qui ont plus besoin de moi.

Le chantier d'insertion?
Je suis content car je voulais reprendre la mécanique en main. Je vais reprendre mes bases et après entamer une formation. Encore six mois pour les consolider. S'ils prolongent, viendra le temps du perfectionnement et bourrage de crâne de connaissances.

Au début, je trouvais que Lucie, c'était inutile, puis après ben si. Elle fait des trucs que nous on fait pas, chercher sur Pôle Emploi. Même si on nous dit de le faire, je vais le faire cinq minutes et ça va me soûler. Elle, elle y est, elle le fait. On a le truc déjà fait et on peut bosser dessus. Si on me dit: « Tu vas sur le site de Pôle Emploi et tu fais ça, ça et ça », je vais faire « ouais, ouais » et voilà, je ne vais pas forcément m'y mettre...
Elle aide à travailler pour soi, sur soi, c'est une personne annexe. Le chantier, c'est un peu comme une pièce de monnaie, « face » la mécanique, « pile », la face cachée avec Lucie.
Avec elle, je regarde pour de la mécanique sur de plus gros engins, les blindés, ça me tente bien. Y a moyen que ça me tente ça, ça reste des véhicules, donc j'étudie un peu les pistes, je regarde, ça m'intéresse. Le chantier m'ouvre des pistes tout en travaillant en fait.

Comme j'aurai un peu plus d'expérience, je viserai plus un BEP que le CAP, voire un BAC Pro, ou le BTS si j'y vais. On verra, je suis pas quelqu'un qui est performant sur les études.

Pour l'instant, financièrement, je ne peux pas mettre de l'argent de côté. Je ne suis pas quelqu'un qui me projette vraiment dans l'avenir, mais je me suis tracé des objectifs. Ici, je dois apprendre à me concentrer, à ne pas faire le « fou fou » dans l'atelier, qu'on n'entende pas que moi... Je fais encore beaucoup d'étourderies. Je me mettrais 5/10 à ma conscience professionnelle.

Ma copine est sur Paris. Pendant mes deux ans, je m'améliore au max avant de me lancer. Elle est aussi sur deux ans, elle passe un diplôme pour être institutrice. Du coup, on est tous les deux sur deux ans, après on verra le plus pratique, soit elle descend, soit je monte.
Et je vais voir ce que l'avenir me réserve.

Définition de l'insertion?
Je suis pas sûr d'appeler ça un « chantier d'insertion » mais d'utiliser un terme plus archaïque, un « chantier de réhabilitation ». On me réhabilite au travail, beaucoup ont été coupés du travail comme moi. Moi, j'étais inséré, pour moi, le chômage c'est le monde du travail.
Sinon, c'est nous réinsérer dans le travail, à reprendre tranquillement. On nous laisse le temps de prendre nos marques et puis on est à mi-temps, on peut aller faire nos démarches, nos rendez-vous.

Des nouvelles depuis l'entretien :
Je n'ai pas réussi à le joindre. Lors de mes dernières prises de contact, il avait juste quitté le chantier car il n'a pas été renouvelé.

Anonyme

Trente ans, originaire de la région parisienne
Premier contrat

Spontanément?
C'est pour la nature, j'adore la nature, je ne vois pas du tout un autre mot.
Si... le travail, l'ambiance sur le terrain.

Avant le chantier d'insertion?
C'est rare que je parle de moi. C'est rare d'être sur les photos. Sur la photo, j'ai l'impression de voir quelqu'un qui sait ce qui fait[1]. Je suis content.

Bon, j'ai fait de l'intérim. En région parisienne, j'étais préparateur de commande, en usine, dans des hangars. Et j'ai perdu le papa. Et le papa avait dit à la mère : « Le jour que je pars, tu iras dans la région où il y a de la famille. » Donc, je suis descendu avec la maman. Comme elle est sous oxygène... J'avais pas de profession quand je suis arrivé ici et quand j'ai vu que je n'arrivais

pas à faire préparateur, bon ben, je vais changer de métier. J'ai fait des démarches. De toute façon, il faut essayer un peu tous les métiers pour voir dans lequel où on est le mieux. Ici, en Deux-Sèvres, j'ai fait deux entreprises en BTP. J'ai passé trois jours à rien faire dans le froid, j'lui demandais, au chef, ce qu'il fallait faire, il me disait rien, il passait là comme ça sans me regarder. Le lendemain, suis revenu, j'ai dit : « Bon, j'arrête. C'est pas intéressant pour moi ça. » J'ai essayé cinq domaines, c'est cinq postes tous différents. Là s'ils ne me renouvellent pas le contrat, je vais voir pour faire chauffeur-livreur.
J'étais une personne sans emploi, les fins de droits sont arrivées et je me suis mis au RSA.

Le chantier d'insertion?
J'entretiens le site. Il faut que ça soit propre, que les gens puissent arriver et qu'ils se disent qu'il est bien entretenu, qu'il donne envie d'aller pêcher, de se promener dans le site. C'est encourageant de faire ce métier, plus que préparateur. On bosse dur ici et dehors ! C'est bien. Le site où on était à travailler, il fallait que ça soit fini pour la fin du mois. On s'est demandé si on allait finir à temps. On a fini la semaine dernière, j'peux te dire qu'il y avait des ronces super grandes. Notre chef nous a appelés les « bulldozers » quand il a vu qu'on avait fait pas mal de kilomètres. Il fallait tenir les objectifs, sont assez râleurs ici, un peu de pression. « Est-ce qu'on va finir à temps ou pas ? » Faut respecter les délais. Sinon, les autres chantiers ne vont pas avancer. Faut que je trouve un métier à être dehors, pas enfermé entre quatre murs. Ici c'est la campagne, tu m'aurais connu sur la région parisienne, ça n'a rien à voir. Un mec avec un regard méchant. Je comprends pas les gens qui travaillent toute leur vie dans une usine, tout le temps le même travail, ça doit être lassant. La semaine dernière, j'étais malade. J'ai pas voulu être arrêté jusqu'à la fin de la semaine, que deux jours, déjà mardi, je tournais en rond à la maison.
Et je ne veux pas être payé à rien faire, c'est les fainéants qui font ça, ceux qui sont au chômage. Ils ont de l'argent, ils ont juste à pianoter sur leur truc et vont aux convocations, c'est des gens qui ne veulent pas travailler. Ma retraite c'est quand je vais être sous terre, je plains la génération qui est en dessous.

Ça sera bien qu'ils me renouvellent mon contrat, ça on verra bien au bout des six mois. Je prends comme ça vient.

Définition de l'insertion?

C'est pour aider les gens à s'en sortir. Oui, ils m'enlèvent une épine du pied. Ça me donne une chance de retrouver du travail, dans la nature.

Le mot « Insertion » est négatif, on pense directement aux bêtises. Ce n'est pas mon cas. Je ne dis pas que je suis en insertion, je parle de mon travail.

Des nouvelles depuis l'entretien:

Je n'ai pas réussi à le joindre. Il a quitté le chantier et plus personne n'a de ses nouvelles.

[1] *Sans nouvelles donc validation de sa part, j'ai dû enlever sa photo du portrait.*

Anonyme

Trente-et-un ans
Au tout début de son premier contrat

Spontanément ?
Je pense à pas mal de choses, c'est jamais pareil. On change souvent... Polyvalence, suis bien, tout m'intéresse.

Avant le chantier d'insertion ?
J'ai le niveau CAP maçonnerie et une formation en arboriculture. J'ai commencé jeune à travailler dehors, j'ai fait maçonnerie à quatorze ans. Je faisais des petits boulots, nettoyeur de bateau, pouhhh, plein de p'tits boulots, des chèques emploi service. J'avais la chance que mon père faisait ça avant, alors il avait des clients que j'ai pu récupérer. On a souvent la même demande, le jardin, tailler une haie. J'ai toujours beaucoup bossé à l'extérieur. Je veux pas aller à l'usine. J'avais pas droit aux Assedic car pas assez d'heures, j'étais au RSA. Quand on travaille pas, on n'est pas bien, j'avais pas le moral.

J'ai déjà fait un chantier d'insertion il y a longtemps, à Secondigny, pour les restos du cœur. Je faisais un jardin, on récoltait les légumes, de tout, on emmenait aux restos.
J'étais suivi par l'ANPE qui m'a orienté vers ici. J'étais pas obligé d'accepter mais j'ai voulu le faire. J'ai passé un entretien et j'ai attendu deux mois pour avoir une réponse. J'attendais la bonne nouvelle. Je l'ai eue pour Noël, un beau cadeau !

Le chantier d'insertion ?
Je suis ici à cause des p'tits boulots et du permis que je dois passer. C'est ça le frein aussi. C'est urgent même.
Y a eu une période d'inactivité et on reprend tout doucement, au fur et à mesure. Ça aide. J'ai pris mes repères plus vite que d'habitude. D'habitude, je suis plutôt renfermé. Peut-être parce que je suis bien ? Mais il y aurait eu une mauvaise ambiance, je sais pas, j'aurais peut-être fait le mois d'essai et je ne serais pas resté. Tout va mieux ici. J'espère finir mon contrat ici. Y a l'accompagnement déjà. Malheureusement, c'est pas dans tous les boulots. Là, y a une notion de bien-être. Je suis « aidé »... pas « assisté »... je suis privilégié même. On a Olivier, un encadrant, un collègue qui nous accompagne dans le travail et on a Christine. Elle nous accompagne, elle, nous fout dehors, c'est le but ! *Il rit.* Ici, on peut faire un stage de 15 jours, c'est le boulot de Françoise qui voit ça avec le patron. Si ça me plaît, j'y vais. Sinon, je reviens. Toujours une porte de secours. Et si je trouve un boulot, j'en parle à Françoise.

C'est un boulot comme un autre. Un travail normal, y a du boulot à faire, faut le faire. Je suis pas à part en étant en insertion. On nous dit dès le début qu'on est des salariés. Peut-être pour faire prendre confiance aux gens. Ça ne me dérange pas de dire que je suis en insertion. Si quelqu'un cherche, je le dis.
Je sais pas ce que les gens disent, j'en n'entends pas parler. Franchement, je m'en fous. Ça peut arriver à n'importe qui d'être ici... ça peut leur arriver. Moi, ce qui m'intéresse, c'est de travailler. Avant, mes périodes de travail, c'était jamais long, là c'est long, six mois jusqu'à deux ans. C'est quand même mieux, suis soulagé un petit peu. Mais faut continuer à chercher, faut savoir ce qu'on veut. Moi je veux travailler. Dans les espaces verts. Je préférerais dans le coin mais s'il faut bouger, y a pas le choix. Je voudrais être paysagiste. Je me suis renseigné auprès de l'ANPE, c'est

pas facile de trouver du travail dans ma branche ici. Il me manque des qualifications, il faudrait que je fasse des formations mais je ne sais pas trop lesquelles. Avec le chantier, on va suivre une formation « tronçonneuse » en mars. On peut toujours apprendre plus, mais les formations avec les cours, la théorie surtout, non, c'est trop dur.

Définition de l'insertion ?

C'est un retour vers le travail et c'est un tremplin.

C'est une passerelle pour m'aider à trouver ce que je veux. Tout doucement, progressivement, on nous aide à chercher. C'est s'y remettre tous les jours à travailler et non sur de petites durées. Le but, c'est de ne pas rester ici.

Le chantier, c'est un Pôle Emploi amélioré. On peut travailler un petit peu, l'accompagnement est plus sérieux. J'avais demandé plein de choses, il se relançait la balle, ici c'est du concret, ça va m'aider à ne pas redescendre.

Les nouvelles depuis l'entretien :

Il a quitté le chantier depuis l'entretien et je n'ai pas réussi à le joindre.

Anonyme

Trente-trois ans
Quatrième contrat contrat

Spontanément ?
Bagnard ! Ramasser les cailloux a été une épreuve assez rude pour moi... il ne manquait plus que les boulets au pied et le truc rayé et c'était les Dalton ! Ils m'ont terrorisé. *Il sourit.* Nan, mais c'est loin d'être le bagne, on pourrait travailler plus...

Sérieusement, je dirais, « flexibilité de l'employeur ». Moi, j'ai toujours dû être flexible face à l'employeur et là c'est l'inverse et ça fait du bien. Ça soulage de beaucoup de choses. C'est un point très positif. Il y a une notion humaine de la part de Francis qui est très attentif aux gens et heureusement d'ailleurs, sinon ça pèterait dans tous les sens. C'est quelque chose de très important que je ne retrouverai pas ailleurs. J'en ai eu besoin, moins maintenant.

Avant Chizé ?
J'ai un BAC et un BAFA d'animation. J'ai été barman, serveur, préparateur de commandes, commercial... J'ai fait douze ans d'animation, de direction. Mon profil est orienté « animation » dans le tourisme, même commercial. Suis trilingue, anglais, espagnol.
Je peux faire plus de choses qu'être ici, mais bon, la difficulté de trouver un travail est réel surtout quand on veut changer de direction et quand tu n'as pas de diplôme, c'est assez compliqué.

Le chantier de Chizé ?
J'ai été dirigé ici par l'assistante sociale qui, à notre première rencontre, m'a parlé du chantier d'insertion à Zoodyssée, de la biodiversité. Je me suis dit que c'était un moyen de mettre le doigt dans l'engrenage, alors j'y ai mis le pied ! Quand je suis arrivé ici, c'est sûr que ça ne correspondait pas du tout à mon profil, mais je n'ai pas peur du travail.
Je ne dis pas que je suis en insertion sauf quand je sais qu'il n'y aura pas de jugement de valeurs. Un jour, un des animateurs a commencé par me présenter venant du chantier d'insertion, j'ai dit « stop, stop ». Il a ressenti le besoin de dire qu'ils accueillaient des chantiers d'insertion, d'entrée de jeu au prof... Je l'ai pris à part et j'ai dit que j'étais « stagiaire » mais parler du « chantier d'insertion » ce n'est pas la peine... Il a très bien compris. Ce n'était qu'une maladresse. Je sais ce que je vaux mais je ne veux plus qu'on me présente comme ça. Ce n'est pas m'aider, mais bon c'est une erreur, il l'a refera plus ! Je ne lui en veux pas.
Auprès de l'animateur, j'étais en « immersion » pour « essayer le travail », pour savoir s'il nous convient ou non. On peut le faire sur quinze jours ou un mois. À la place d'être ici, sur le chantier, j'étais à la pédagogie du zoo. Ça faisait partie des choses qui me motivaient pour venir ici. Mais ! Il m'a fallu un an pour que je puisse rentrer en immersion dans la pédagogie.

Mes colères, mes joies ? Je suis très, très frustré de très longues démarches qui n'aboutissent pas. Pôle Emploi ne m'accorde pas le droit d'entamer des démarches pour une formation pendant que je suis contractuel : « Les financements, ça ne sera pas avant la fin de votre contrat, on pourra pas savoir avant... »... Et donc ? Il faut que j'attende fin juin d'être à la rue pour pouvoir faire mes demandes ? C'est ça l'insertion ? Là je suis révolté.
On est vraiment dans une petite bulle à part...

Définition de l'insertion ?
C'est vraiment un mot assez horrible « chantier d'insertion ». Vous vous insérez dans quoi ? Comme si on ne faisait pas partie de la société. C'est se réinsérer dans la société ? Nous réinsérer dans quoi ? Dans le monde du travail ? Mais moi j'y étais déjà !
Le mot « insertion » ajouté à « chantier » en plus... c'est une image péjorative. « C'est quoi son problème ? Il se drogue ? Il ne sait pas lire ? » On s'imagine n'importe quel problème, donc ça devient tout de suite péjoratif.
Si le chantier d'insertion ne sert pas à reprendre confiance, à passer dans le positif du travail, ni même à nous former il ne sert à rien.

Des nouvelles depuis l'entretien :
Voilà, me voici avec quatre fois six mois de renouvellement de contrats (donc deux ans) et toujours rien... Ce n'est pas faute d'avoir essayé, mais suite à plusieurs évaluations : tests psychologiques, test d'habitudes, évaluation dans le milieu du travail recherché etc... (j'ai eu tout bon!) mais RIEN ! Que nenni, que dalle, peau d'ball !!!
Tout le monde avec toujours beaucoup de compassion et d'indignation face à ma situation... MAIS RIEN !!!
Il n'y a pas d'argent OK ! Mais que l'on ne me fasse plus jamais, jamais, jamais ramasser des cailloux pour me faire entendre qu'au final « j'ai fait tout ça pour ???»
Ha ! Oui ! J'avais oublié ! Pardon ! Pour me réinsérer !!! Tu parles !
Aujourd'hui, un peu révolté, je pars pour un mois à Marinaléda (Espagne, Andalousie) voir se qu'il s'y passe déjà... Puis éventuellement confirmer mon départ...
Je vous remercie tous et toutes pour ce que vous avez fait (car il n'y a pas que du négatif), mais surtout pas merci pour ce que vous auriez pu faire...

Merci de m'avoir laissé m'exprimer.

RALLYE MONTE-CARLO 2011
FORD FIESTA S2000
PILOTE - JULIEN MAURIN
de frein !
Valeo

Partie II
CE QUE NOUS DISONS SUR LE TRAVAIL

l'accès au monde du travail

L'école et l'orientation

Après le collège

– En 3e, on m'a orienté vers la vente. Je me suis vite aperçu que c'était pas ce que je voulais. Mais, j'ai suivi le conseil de la conseillère. Je devais passer mon BEP logistique et commercial. Pour être magasinier vendeur. La vente, je me débrouille pas bien, je n'aimais pas ça. J'aurais pu m'orienter directement... mais je le savais pas, sinon je l'aurais fait... mais je le regrette pas... Ça va, je suis jeune, je pense qu'il y a moyen de rattraper. Je n'ai pas l'impression d'avoir perdu du temps, enfin voilà, j'en veux à personne, suis pas en colère. Quand t'es jeune, tu penses que c'est plus facile le monde du travail. *Anonyme, vingt ans*

– C'est comme ça qu'on se retrouve en chantier d'insertion, mal orienté, mal éveillé. Faut choisir hyper tôt!!! Ça sert à rien de remplir la tête des écoliers avec des informations, il faut rester dans l'éveil et jusqu'à très tard. Intéresser les enfants, être dans l'intérêt, la curiosité, la découverte, dans l'interaction. Ça démarre au collège! *Priscilla*

« On nous demande de choisir hyper tôt. Il est essentiel de rester « éveillé » et de cultiver la confiance en soi. » *Priscilla*

– On nous laisse pas le temps, même à l'école, en 3e, on te dit « trois vœux ». Ça va trop vite. J'aurais aimé arrêter le temps. Ça m'a échappé, j'ai pas réfléchi, mes parents ont décidé, j'ai suivi le choix de mes parents. Ça a pas marché, je me suis retrouvé sans rien et après suis rentré en formation. Ils voulaient que j'ai un métier dans les mains; c'est un truc plaqué, ils m'ont pas demandé mon avis. Il faudrait plus d'années pour savoir ce qu'on veut vraiment. J'ai fait le BEP parce que je savais que j'allais avoir quelque chose entre les mains. J'ai jamais su, je ne sais toujours pas dans quoi me diriger. C'est pour ça que je suis à moitié là d'ailleurs tu me diras. J'ai fait des études qui me plaisaient pas, je les ai fait pour avoir au moins quelque chose. Dans la rapidité, oui, le collège passe vite, on nous demande trop tôt ce que tu veux faire, à quatorze, quinze ans, on fait une semaine de stage et on te demande ce que tu veux faire, t'as pas intérêt à te tromper. En 3e, je suis parti de ma ville natale, j'ai perdu mes bases, j'étais à Parthenay et suis arrivée à Niort, c'est pas la même grandeur de ville, ça marche pas pareil. Là-bas, tout le monde se connaît, c'est familial, là, on est trop nombreux, donc voilà. Suis arrivé dans une cité alors que je vivais dans une maison individuelle. Le collège, ça passe super vite, on nous demande trop vite, on est trop jeune, c'est pas à quatorze, quinze ans que tu t'imagines l'avenir, tu profites du moment présent, t'es encore enfant. *Anonyme, 23 ans*

– On nous a fait perdre confiance en nous, comme si on n'était pas capable d'apprendre. J'aimais la musique or j'en ai été dégoûtée à l'école, je ne veux plus entendre parler de note de musique !! À l'école, on nous coache pas à l'entretien d'embauche, et un autre truc, c'est que le permis devrait être intégré dans l'éducation, c'est pas normal que ça soit à part, que ça soit si cher. On sait qu'on en a besoin pour le travail. Ici, on est plein à passer le permis. Clairement c'est une marche vers le travail. *Priscilla*

– Je dirais aux jeunes : il faut trouver sa voie assez vite, essayer de savoir ce qui nous plairait. En 4e ou en 3e, allez directement voir un conseiller d'orientation, des petits questionnaires à remplir et s'orienter directement, après s'ils veulent faire un BEP ou CAP, faire un CAP. Faites des stages et après faire de l'apprentissage. Essayer de s'orienter, déboucher sur un apprentissage. Ce qui est bien aussi, c'est « découverte pro » en 4e ou en 3e. Les élèves vont voir plein de corps de métiers différents. En fait, on nous dit de travailler à l'école mais on nous dit pas que le monde du travail c'est si dur. Du coup, on sait pas trop pourquoi il faut travailler ! *Magali*

– Moi, je connais des gamins qui deviennent comme les parents, aux Assedic, et à vingt-cinq ans c'est le RSA et point final. Il faut les orienter vers un dispositif de travail. « Fais ce qu'il te plaît, avec le niveau que tu as, fais ce que tu pourras, va voir les conseillers, va voir les reportages. »
Mes enfants ont connu la croix rouge, le secours populaire, alors je les mets en garde : « Votre but c'est le diplôme et un emploi. » On a galéré, oui c'est vrai. Ils savent que la vie n'est pas facile. On a eu la chance d'acheter, et chaque jour je leur dis qu'ils ont au moins un toit sur la tête. Mais : « Faites des choses, bougez, vivez. Soyez actif, documentez-vous, n'attendez pas tout de papa et de maman ». Je les accompagne mais il faut qu'ils apprennent. Si on ne leur donne pas les clefs de la vie, alors les portes ne s'ouvriront pas. *Nathalie*

– Ouais, les diplômes tout ça, je sais pas en fait. Ça aide, mais c'est pas le métier. Y a l'expérience sans avoir le diplôme, mon papa il n'a jamais étudié, mais il est mécanicien. Je dirais, il faut plus d'expérience que de diplôme. Le diplôme c'est un plus. Regardez, dans les offres Pôle Emploi, on a « diplôme ou expérience de tant d'années ». On peut ne pas avoir de diplôme mais avoir une expérience de deux ou trois ans. *Madi*

– Plus que les diplômes, c'est une force et la confiance en soi, il faut convaincre les autres et être convaincue soi-même. Car le monde est très dur, d'autant plus que les places sont chères, on nous le dit, on nous le répète. Du coup, si à l'école, on casse ta confiance, tes envies, ça devient très, très difficile. *Priscilla*

Ne pas quitter l'école trop tôt

– Du temps de mon père, ils rentraient dans le travail en les mettant hors de chez eux. À tous les garçons dès leur âge de treize ans, mon grand-père achetait un billet de train pour Paris et les mettait dans le train : « Vous partez à Paris, vous allez travailler. » Mon père est descendu avant Paris, il a trouvé une place d'apprenti boulanger. Les filles restaient à la maison pour faire le ménage et faire la cuisine. Les enfants avaient le droit de reprendre contact avec leurs parents une fois qu'ils avaient du travail, pas avant. C'était interdit. Tous les garçons, l'un après l'autre sont partis. En Normandie c'était ça, à part les agriculteurs qui eux gardaient les garçons et les filles devaient partir. Les garçons étaient bons pour travailler dans les champs et les filles travaillaient ailleurs. Fallait taper dans le tas, c'est tout. Et même de mon temps, on claquait des doigts et on avait du travail. Aujourd'hui, vaut mieux réfléchir avant de claquer la porte ! L'école ? C'était l'apprentissage. *Bruno*

– Faut pas lâcher l'école, après tu feras toujours la merde ! Moi je regrette d'avoir quitté l'école en 3e. Après je me suis arrêté au BEP, à dix-neuf ans. Rester aux études le plus longtemps possible pour faire un métier qui soit bien. Le passage entre l'école et le travail a été un choc. On passe d'un truc encadré, sans responsabilités. J'aimerais retourner en arrière, et ne pas faire les mêmes erreurs, en 3e, ou pendant ma formation, j'aurais pu changer plein de fois dans ma vie.

J'aime bien faire les trucs bien et prendre mon temps, contrairement à aujourd'hui où on n'a plus le temps. Maintenant, c'est la rentabilité. L'entreprise, c'est pas humain, c'est des machines. On nous dit pas tout ça. L'école et le travail, c'est pas du tout le même monde, t'es dans le monde des adultes. Faudrait un intermédiaire, pas qu'on passe comme ça au monde adulte si fort, faire un mélange des deux, pour certains il faudrait faire les deux, d'où l'apprentissage. Le monde du travail, ça arrive d'un coup, d'où le choc. Mon premier boulot? J'ai fait cariste, j'ai fait une journée, je suis passé du lycée où j'apprenais ça, j'ai passé mon permis, alors je me suis dit que je vais faire ça, mais ça a été un choc énorme. C'est pas le même rythme, ça va beaucoup plus vite, je faisais des bouteilles de gaz, le mec il bourinait là-dedans, moi j'osais pas, c'est du gaz, t'as che pas combien de camions qui arrivent, t'es obligé de les charger, les décharger, à une vitesse... c'était dangereux, j'ai fait mes neuf heures, je ne suis pas revenu le lendemain, j'avais vingt ans. *Anonyme, vingt-trois ans*

– Très dure ma première année de boulot à dix-sept ans. Il y avait une patronne qui m'a insultée devant tout le monde, je l'ai très mal pris. Après, je suis tombée sur une patronne très bien, c'était cool. Avant, j'aurais dit, au travail, c'est « soumission », surtout aux melons, quand j'arrive juste je me tais. Mais quand je connais bien mon travail et que j'ai l'habitude, là je me gêne pas. *Nelly*

– Beaucoup de jeunes sont allés faire les saisons, ils ont fait Seconde, Première et il lâche tout. Comme ils ne connaissent pas les filières dans le département, ils font les saisons pour vivre et puis c'est un engrenage. Vous commencez par les melons, le gamin est content, il a gagné 8 ou 900 euros. Il va continuer un autre mois, puis après c'est les vendanges et les vignes... Alors qu'ils ont tout à fait les capacités de faire un autre métier. C'est le piège... Ils prennent un appartement, payent les factures, ils n'ont plus le temps de suivre leurs objectifs.
Moi, mes enfants iront juste pour les grandes vacances, ils passeront leur diplôme et s'orienteront vers un autre métier. Je ne veux pas qu'ils se contentent d'un travail saisonnier, c'est très dur. *Nathalie*

– À seize ans, je voulais travailler aux melons, j'y allais, je travaillais. Aux oignons, j'y allais, je travaillais. C'était pas pareil, pour nos frères, nos sœurs, nos connaissances, il y avait plus de facilité avant. On allait voir directement l'employeur... À un moment, mon frère a voulu arrêter et on lui a tous dit « fais pas ça, fais pas les mêmes erreurs que nous. » Du coup, il continue. Aujourd'hui, je me dis que c'est dur de trouver du travail, que maintenant faut envoyer des lettres de motivations, parfois pas du tout de réponses. On est obligé de relancer pour avoir plusieurs « non ». Il demande beaucoup d'expérience, mais en sortant d'un CAP, on n'en a pas, à part des stages. Sur le site Pôle emploi, c'est un an d'expérience exigé, alors quand on sort des cours on fait comment ? Si personne donne sa chance à faire ? Mais si personne laisse sa chance, on s'en sortira jamais ! Alors, il faut continuer ses études si on sait pas ce qu'on veut faire, après on risque de ne pas reprendre ses études. Faut pas se décourager. *Magali*

– C'est clair, il faut aller tant qu'ils peuvent, de faire tout ce qu'ils peuvent à l'école. Moi, je regrette énormément. Un peu trop tard pour moi, si je commence à passer des trucs maintenant, je vais finir à vingt-cinq ans, c'est pas pareil que si j'avais fait à seize ans. Je sais même pas si je peux réussir. Si on bosse bien à l'école, on passe pas par là (en chantier d'insertion). Dans ce que je veux faire, c'est au moins un BAC, j'aurais travaillé à l'école, j'aurais pas eu ce souci. Passer le BAC, ce sera dur, j'ai vraiment trop de lacunes. Si c'est obligatoire, je m'y mettrais. Mais ce n'est pas le bon moment, si je suis à l'école, je n'aurais pas d'argent pour subvenir à mes

« Là, on est ouvrier alors qu'on a peut-être les moyens de faire plus. » *Damien*

besoins. Y a plein de jeunes qui ne veulent pas aller à l'école, et si à seize ans, ils seraient allés en chantier d'insertion, ça leur aurait montré que l'école c'est bon pour eux. Là, on est ouvrier alors qu'on a peut-être les moyens de faire plus.
Tu te dis que tu vas arrêter l'école et que tu vas trouver un travail. Tu peux trouver un an après, mais tu vas galérer, galérer, t'as pas envie de retourner à l'école parce que t'avais pas envie d'y aller au début, et tu continues à galérer, et après tu as gaspillé trois, cinq ans de ta vie, tu regrettes l'école, c'est toujours comme ça.
Ceux qui sortent de l'école parce qu'ils ont trouvé un travail, ils ont sauté sur l'occasion, et après le patron va pas le garder, et après t'as plus de travail et t'as plus d'école, alors non moi je dis : « Si tu veux un travail, faut faire des stages pour mieux connaître plutôt que de quitter l'école. » Tu peux avoir envie du boulot mais comme tu connais pas, tu sais pas si tu vas y rester, tu sais pas encore si tu es apte. Comme moi, j'ai fait ça, c'est un peu ma vie, tu quittes l'école, tu cherches, tu cherches, tu fais des stages, t'as perdu l'école.
Je me dis que « tu vas jamais trouver, que tu vas laisser tomber, t'avais une motivation, mais tu as laissé tomber. » Avec chantier Méca, j'ai trouvé, j'ai de l'espoir encore. *Damien*

Des allers et des retours

Les petits boulots, l'intérim, le RSA

– Mes années de p'tits boulots, ça monte et ça descend. Si le chantier ne marche pas, c'est les petits boulots qui recommencent. J'ai pas envie d'un retour en arrière, j'en ai marre moi de cette vie chaotique. Si j'ai un vrai boulot, le trait est plat car stable. *Anonyme, 31 ans*

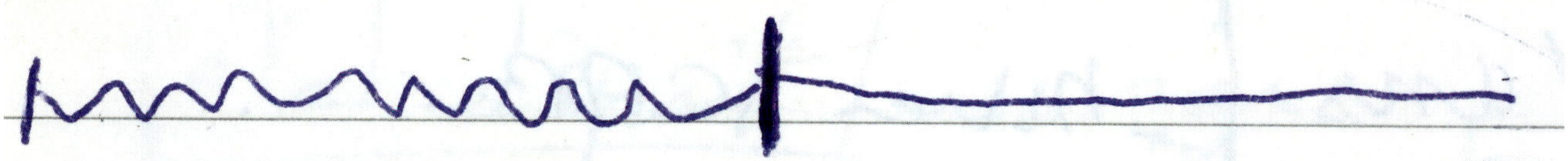

« Des hauts et des bas quand je fais des p'tits boulots. J'aimerais de la stabilité ». *Anonyme, 31 ans*

– Parce que les petits boulots, on savait pas où on allait aller, donc c'était au jour le jour, à 10 ou 50 km, c'était des missions n'importe où. On ne sait pas trop pour faire quoi. Faut s'adapter vite. Là au chantier j'arrive, je suis sur place, c'est dans le zoo. Et après, le chef il nous dit ce qu'on a à faire mais en fait on le sait déjà à l'avance. Je sais où je vais tous les matins. On sait à peu près les tâches qu'on va faire, la veille pour le lendemain. C'est confort. *Dimitri*

– En insertion, c'est le plus longtemps que je suis resté au travail, en continu quoi, ça permet de prendre de plus en plus de confiance. Les p'tits boulots, c'était « obligé de se lever le matin. » Je faisais pas des choses intéressantes. C'était une routine qui s'installe, pas un plaisir. Quand tu changes de travail, tu te demandes si tu vas y arriver, ça t'apporte du stress. Ça m'a cassé la confiance. C'est de plus en plus de gens qui s'écroulent, même les chefs d'entreprise, aujourd'hui t'as un travail, demain tu sais pas. Tu fais de l'intérim, tu changes de métier toutes les semaines, on va pas te donner le boulot d'un juge en intérim hein ! À l'Anpe, rien que pour faire plongeur, il faut avoir un an d'expérience, ils ont le choix, donc ils prennent les meilleurs ! Celui qu'a le plus d'expérience ! Ou quand ils te prennent, ils te demandent d'apprendre très rapidement, si tu prends pas le train, tu déraillles.
Dans tous les métiers que j'ai faits, j'étais sous-pression, aide-paysagiste, déménageur, manutentionnaire. J'ai eu des périodes de chômage à gogo. J'ai mal vécu cette première année de chômage... J'ai jamais touché les Assedic, pas fait assez d'heure, donc pas de RSA car il faut avoir deux ans de travail consécutifs. Bon, j'étais chez mes parents, je payais une pension quand j'avais de l'argent. J'ai eu l'appart' car ma copine travaillait. *Anonyme, 23 ans*

– Avec la perte du permis, je suis passé des Assedic au RSA, ça se joue en une fraction de seconde. Quand vous avez toujours eu l'habitude de travailler et pas d'être au RSA, toujours aux Assedic, Assedic, Assedic, eh bien, moi, je me débrouille pour trouver du boulot, suis le premier devant la porte de l'intérim. Mais voilà, sans permis, les portes de l'intérim sont fermées. On tombe très vite. Avec le RSA je me suis dit que je suis tombé le plus bas. Mon contrat le plus court, c'est un mois, le plus long 2,5 ans. Après la fin du contrat, c'est rebelote, faut recommencer, les démarches, les papiers, on va déclarer les heures, après ils vont dire « vous avez peut-être droit... ah non il vous manque deux heures. » Alors, il faut que j'aille travailler ailleurs, ça me coûte des sous pour aller travailler ailleurs. Si tu connais pas comment ça marche tout ça, tu peux pas y arriver. Le marché du travail, c'est ça, paperasse, paperasse, paperasse, là au RSA, tous les deux, trois mois, vous devez marquer la somme touchée, si vous touchez plus, ça baisse. Maintenant, c'est une routine, faut déclarer en temps et en heure, au centime près, venir le matin, prendre le ticket, attendre, vous faites rien de votre journée. J'y vais sur rendez-vous, je veux pas faire sur internet, je vois la personne, comme ça c'est débloqué dans la journée même. Moi, je veux pas retourner dans le système des Assedic, ah non c'est barbant, toutes les fiches de payes, ah non... Et c'est inquiétant, on ne sait pas si on va retrouver du boulot derrière. Moi, des p'tits boulots, j'ai jamais plus, mais moi je veux pourtant travailler ! On me propose un CDI, moi, je dis « banco ». Moi suis toujours « banco »... mais... *Olivier*

– « Tu touches le RSA donc tu profites de la société », on nous rejette encore plus. J'avais des gens qui me disaient : « De toute façon les gens qui sont RSA, ils profitent du système et tout et na na na na na ». Ça m'énerve les gens qui pensent ça. Parce que les gens d'être au RSA ou que tu touches des alloc... que t'es au chômage, c'est que tu profites du système, mais des fois tu sais pas, personne est à l'abri de se retrouver au chômage un jour ou l'autre ! Pour sûr, c'est clair y a des gens qu'en profitent mais après voilà c'est comme partout quoi, faut pas tous les mettre dans le même sac ! J'ai entendu que j'étais « une fille qui profitait du système », que j'étais une « grosse feignasse », ça je l'ai pris en plein dans la tronche, un nombre de fois... des gens de ma famille qui me l'ont dit... Avant qu'on trouve ma maladie, j'ai quand même eu des médecins qui m'ont traité de « grosse et usée » à vingt-quatre ans. Six médecins hein ! Je me suis vue sortir de chez un médecin du travail en pleurant. Ça m'enfonçait c'te période parce que vu qu'avec ma jambe je pouvais rien faire... et le fait que j'avais mal et les gens me croyaient pas... que je fabulais... Alors moi je me suis battue pour faire reconnaître ma maladie, déjà ça c'est... Tout ça jusqu'à ce que je vois le grand spécialiste à Tours. Heureusement que mon médecin me croyait, paix à son âme. Je trouve ça grave de se battre pour que les gens arrivent à te croire que t'as mal quoi ! *Nelly*

– À la maison, il y avait le ménage, les repas, l'école, le train-train habituel, après un peu d'ordinateur, la télé, me promener à droite à gauche jusqu'au retour des enfants à 17 h 00. Je voulais revenir dans la vie sociale mais je ne me sentais pas capable de me présenter directement chez un employeur. Après vingt ans, sans avoir bossé je ne sais pas du tout à quoi ressemble le monde du travail d'aujourd'hui. De nouveaux supports, de nouveaux matériaux, je ne sais pas du tout comment est l'environnement.
Maintenant, il faut des diplômes pour tout, même pour le nettoyage. Je faisais du nettoyage industriel, j'avais pas de diplôme et j'étais embauchée. Le travail était plus facile à trouver et pas plus mal fait. Le piston marche encore. J'aimerais sortir du chantier de Rigné avec un objectif, faire une formation et essayer d'obtenir un diplôme, si je peux travailler encore dans un truc sympa et bien tant mieux. Mais, je trouverai une solution pour ne pas rester à la maison. Nathalie

« Je voulais revenir dans la vie sociale.
Mais après vingt ans sans bosser ?
À quoi ressemble le monde du travail ? *Nathalie*

– C'est plus difficile pour les femmes de trouver qu'un homme. Faut aller dans les métiers d'homme maintenant ! J'aurais pas de problème de santé, je me serais remis dans un métier d'homme. Rien qu'en boîte d'intérim, y en a que pour les hommes, chauffeur routier non, mais peintre, suis assez manuel. Ou les espaces verts, ouais. Nelly

Le dégoût du travail

– Ce qui m'a dégoûté, c'est qu'un jeune, qui ne voulait pas être magasinier, mais dans les bureaux, il m'a passé devant, sans qu'on me demande quoique ce soit, ça me dégoûte. Des promesses, des promesses. On est en attente pour voir, ben, on voit rien. Aussi, à La Rochelle, on m'avait proposé un poste, le chef m'a pris à part, pour décharger les camions... pour me dire à la fin, « c'est fini » et après je vais voir le chef et il me gueule dessus. J'ai pris mes affaires et j'ai pas cherché pourquoi. Une autre fois, à la fin de ma boîte d'Intérim, la patron m'a donné une enveloppe de 90 euros, il l'avait préparée et me l'a donnée en me disant que s'il agrandissait, il m'embaucherait. Mais la boîte n'a pas tenu le coup. Alors... entre ne pas tenir sa parole et ne pas tenir le coup... ça nous démoralise. J'ai pas été dégoûté du travail mais des promesses. « Si vous faites l'affaire, on va signer un CDI. », vous signez des contrats, des contrats, mais jamais le CDI, alors il est passé où le CDI ? Il a pris son envol ? Si aujourd'hui, on me dit « Olivier, on signe un CDI pour vous. » « Ah bon ! On va voir hein, sur écrit, on verra bien. » Leur parole à eux n'a plus de valeur. Depuis 1993, j'avais un but, c'était un CDI, mon grand rêve, qu'on vous fait signer un CDI, j'ai pas eu cette occasion-là, tout le monde était tellement content de moi, mais j'ai toujours été à la recherche d'un emploi. *Olivier*

– J'ai été déçu, dégoûté du travail. On est un peu du bétail, si t'es pas content, y en a d'autres. J'ai vu des chefs qui nous disaient que même si on se blessait, c'est pas grave, on serait remplacé, on n'est pas les seuls. On n'a pas le choix, faut rentrer dans le rang, on dit de faire un truc, je le fais. On peut pas rejeter la société, sinon on est à la rue, je l'aime pas ! *Anonyme, 23 ans*

– J'ai connu le stress au travail, pendant mes six mois. On va travailler avec le stress. Le patron demande beaucoup aux jeunes, de faire autant de productivité qu'un ouvrier qui est dans l'entreprise depuis dix ans. *Jérôme*

« J'ai connu le stress au travail » *Jérôme*

– J'y allais à reculons au travail. Mais ça ne dure pas, je m'en vais. Je quitte un boulot, si je ne me sens pas bien : pas accepté par les autres, si la hiérarchie est trop... qui nous booste trop, avec quelqu'un sur le dos qui nous mette la pression. Une mauvaise ambiance tout ça. Et si le boulot nous plaît pas. Sans le chantier, je serais encore au chômage parce que j'avais vraiment pas envie de retourner au boulot. C'est ça le dégoût du boulot, ne plus avoir envie d'y aller. C'est pas gratifiant quand vous faites du boulot et qu'il est jeté à la poubelle. « C'est mal fait ? », « Non, c'est du surplus, donc pas besoin, donc on jette votre travail à la poubelle. » Donc, je vois pas pourquoi je me casse le cul à le faire... Certains boulots vous dégoûtent du boulot en fait. *Patrick*

« Le rejet, c'est déjà à l'école, l'éducation, l'entourage. » *Patrick*

On veut pas de nous?

– À force d'être rejeté, l'éducation, l'école... la faute de l'entourage, c'est eux qui vous rabaissent. Déjà eux-mêmes se sentent rejetés, se sentent un peu en dessous des autres. La perte de confiance vient de là déjà. Quelqu'un qui vous engueule, vous rabaisse tout le temps, vous avez pas envie de bosser. Le chantier, c'est un peu ça, je ne dis pas que je suis en chantier d'insertion car les gens vont vous rabaisser encore plus. Ça va vite après, on se dévalorise tout seul. « Suis une grosse merde, je vois pas ce que je fais ici. Ce que je fais, ça vaut rien. » C'est ça qui coupe l'envie en fait.
Au début, je pensais que dans les chantiers, c'était les déchets de la société, ils les ont mis là pour pas qu'ils foutent rien. Finalement, je pense qu'il y a pas de déchets de la société, y a des conditions qui font ce qu'ils sont. Ils n'ont plus de place. *Patrick*

– J'avais un CDI mais j'ai été licencié. J'ai une maladie qui m'empêche d'être productif. Je suis à la Sameth qui s'occupe des personnes qui ont des soucis et qui ont besoin de poste aménagé. Un employeur qui va voir que je suis reconnu, il ne voudra pas de moi automatiquement. *Jérôme*

– Moi, les patrons me le disent, suis trop vieux pour qu'on m'embauche. Ils pensent que les vieux maçons comme moi ne sont pas rentables, qu'il va peut-être tomber malade, qu'il ne viendra pas. C'est pas la peine que je cherche du travail, j'en aurai pas, je le sais à l'avance. Je vais rester ici tant que je peux, sinon chômage.
C'est mal fait, les jeunes disent: « On me prend pas, suis trop jeune, pas assez d'expérience. ». Alors trop jeune, pas assez d'expérience, moi, trop vieux, suis foutu. Les patrons, ils engagent à partir de trente ans: trouver un jeune qui a de l'expérience en maçonnerie, ben c'est dur. Un jeune, c'est jusqu'à trente ans. Après, c'est la deuxième génération et après les vieux, à cinquante ans. Les manuels dans le boulot dans vingt ans, y en aura plus, c'est l'informatique en ce moment. Des générations de maçons derrière moi, j'en vois pas tellement. Après moi, y aura pas grand-chose. *Joël*

– La modernisation... c'est une bonne chose, en même temps c'est une catastrophe, c'est ça qui a tout foutu en l'air, elle a tout, tout, tout changé, notre façon de vivre, de penser et ça continue à tout changer. Manuellement, il y a plus beaucoup de travail qui reste. Ce qui reste c'est l'agriculture et le BTP, dans tout maintenant, y a... pouhhh... c'est ça qui a tué le tout. La formation, c'est pareil que l'école, tu y envoies les jeunes, mais pffff, qu'est-ce qu'ils font ? Si y a personne pour les embaucher, un ordinateur fait le boulot de dix personnes. *Alex*

– Pour nous, déjà, c'est dur, mais alors pour nos enfants ! Nous, c'est déjà des machines qui remplacent le boulot, alors eux ? En intérim à La Rochelle, le tri collectif, maintenant ça n'existe plus, c'est des machines, tous les collègues ont été licenciés, les machines ont pris le dessus. C'est un coût pour acheter les machines, mais on leur donne pas de salaires et les machines elles sont remboursées.
Y a dix ans, y avait le minitel, y en a plus... Ça va trop vite, y en a trop. Les iPhones tout ça, tout ce qu'ils arrivent à mettre dedans, c'est aux téléphones qu'on voit que ça évolue, avant on avait un gros portable, genre talkie-walkie, et que là ils sont tout fins, on dirait une carte bleue.
J'ai pas le choix de suivre, ça évolue, nous, on est bien obligé d'évoluer. En carrosserie, y aura toujours de nouvelles machines pour redresser les voitures, une fois qu'on sait, ça va. Je ne voudrais pas être à la place des mécanos avec le moindre truc électronique dans le moteur. La carrosserie, ça sera un métier d'avenir, y aura de la demande par rapport à des métiers qui tombent en ce moment, comme la mécanique. Moi, faudrait que je trouve un p'tit garage encore à l'ancien temps, mais pas en concession, c'est que de l'électronique. *Dimitri*

– À la MIPE, y en a un, il parle cinq langues, l'anglais, l'algérien, le français, un peu de tout. « Mais qu'est-ce que tu fais ici avec cinq langues ? » Et puis, y en a qui ont des métiers, cordonnier, il travaille super, faut voir... ben il trouve pas dans sa branche. Y en a un qui est tôlier, il trouve pas... alors il vient à la MIPE. De toute façon, c'est pas compliqué, la première question, c'est le permis, après l'expérience. Sinon, c'est l'insertion ou chômage, chômage. *Joël*

– Le permis avant! La formation après! Je l'ai entendu partout, en intérim:

- Vous avez un moyen de locomotion?
- Ah oui, le vélo!
- Non, mais motorisé.
- Ben, la mobylette alors...
- Ah non mais pour faire cinquante kilomètres...
- Ah ben non, ça marche pas.
- Mais, excusez-nous Monsieur, mais on n'a rien pour vous, revenez demain.

Moi, je dis, les portes sont fermées, pas ouvertes pour moi. Si vous n'avez pas de moyen de locomotion, vous travaillerez jamais. Depuis 1993, je sais pas ce qui s'est passé, pourtant je donne de moi-même, je suis content d'aller travailler, de me réveiller, de prendre le froid. L'hiver, je le fais même à vélo, mon vélo est toujours là, avec moi. En France, tout ferme, on n'évolue pas, les pays étrangers vont évoluer, mais pas nous. Moi, je reviendrai définitivement en Guadeloupe, dans ma petite île où on n'a pas besoin de grand-chose, où on peut vivre avec le jardin. J'ai vécu assez ici pour acquérir des connaissances, pour aller là-bas. *Olivier*

– On finit par rejeter les autres. Au chômage, on a des contacts avec les autres parce qu'on va faire les courses par exemple, mais c'est tout. Les gens nous bousculent, on a envie de leur foutre des baffes alors que c'est idiot. Garder le contact même sans travailler en équipe, c'est très important, c'est être avec le monde extérieur. C'est un effort à faire d'aller vers les autres. C'est tout de suite qu'il faut s'adapter sinon c'est foutu, tu laisses pas traîner en longueur pour t'insérer au groupe et t'adapter à eux. *Patrick*

L'employabilité : « Retrouver les critères pour trouver un boulot. »[1]

Retrouver la motivation

– Les jeunes, ils arrivent, on dirait qu'ils sortent des nuages ! Ils sont un peu perdus. Ils reviennent de loin on dirait. Ils n'ont pas vraiment l'habitude de travailler. *Joël*

– Entre 8 heures et 9 heures, suis pas motivé. Après, de 10 heures à 11 heures, ça va, c'est bon. Vers 13 heures, bof pas trop, après ça va. J'ai pas envie d'aller au travail le matin, si je prenais à 10 heures, oui ! Sur mes premières pensées, je viens parce que je suis obligé de travailler, mais voilà, ici, je peux continuer mon projet pro, alors la mécanique ne me démotive pas car les deux sont en même temps. Bon, je reste... Y a des désistements de moi-même... c'est pas mon truc, la mécanique en fait. Parfois, j'ai envie de quitter. *Damien*

– Peut-être qu'au départ, ton travail, tu l'aimes pas, mais tu vas apprendre à l'aimer, c'est tout. Faut se faire violence. Dans la vie, y a des moments de douleurs, c'est chaud, c'est difficile c'est vrai, mais il faut les accepter, y a pas que du plaisir. Moi aussi, je me dis, « allez Alex, il faut positiver ». Quand je veux pas travailler, je trouve les journées longues, je trouve ça lassant. Il faut partir positif le matin, c'est la première chose à avoir le matin, il faut oser, penser direct aux copains par exemple. C'est au départ qu'il faut se motiver. Le matin, je vois les autres sur le chemin, on rit, je les appelle, c'est une façon d'extérioriser, de crier l'autre. La plaisanterie, ça permet de positiver, c'est enlever du poids, du négatif.
Quand tu te réveilles le matin, en communauté, tu as un but, tu pars pas sans rien penser. Avant, j'étais comme ça, je savais pas ce que j'allais faire de la journée, c'est l'engrenage de la fainéantise. Là, je sais ce que j'ai ça à faire, moralement je suis déjà engagé dans le travail le matin. Tu as déjà préparé ça dans ta tête. Il faut être actif. C'est toi le personnage principal. *Alex*

[1] *Je dois ce titre à Charley à qui je demandais la définition du mot « Employabilité ».*

« Moi sur les photos, je suis toujours flou, je bouge, je suis actif. J'ai toujours un outil dans les mains. » *Olivier*

– Y a des gens, ils sont là sur le chantier mais, en fait, ils ne sont pas là ! Ils nous regardent travailler. Ah oui, sur le chantier, y en a qui ont froid et y en qui ont pas froid ! *Il rit.* Ils ne bougent pas, ils ne prennent aucune initiative. Les jeunes, il faut les prendre à part, leur dire ce qu'il y a à faire. « Faut bosser dans la vie, tu peux pas rester à rien faire. » Un jour qu'il venait pas, je téléphonais exprès :

- Mais qu'est-ce que tu fais chez toi ? Tu serais pas bien au boulot ?
- Ouais, je m'embête.
- Ben, alors, pourquoi t'es pas au boulot ?
- Ouais parce que je me suis pas réveillé.
- Faut te coucher plus tôt comme ça, t'auras une forme pour travailler, y a une solution pour tout ça, quoi.

Finalement, la personne n'est pas du tout venue. Ça existe des gens qui veulent pas travailler, qui veulent rester au lit ! Ceux qui décollent pas, ils veulent rien savoir, rien faire, c'est comme l'eau qui dort, ça bouge pas. Ils ont pas la même vision comme quelqu'un qui travaille. Pour décoller, c'est en eux-mêmes, on peut leur dire mais nos paroles, ça rentre et ça sort. C'est à eux d'avoir la volonté pour arriver au sommet. Ils voient pas les conséquences. Encore à 5 heures du mat' sur internet ! Le portable... « tout le temps avec ta chérie jusqu'à 3 heures du mat' ? » Pour eux, c'est bien, mais nous on sait que c'est pas bien. Eux, le temps, c'est illimité d'un côté et limité d'un autre !! C'est du « Olé Olé ». *Olivier*

– Ouais, j'ai eu des moments dans ma vie où « on verra bien » mais maintenant, je suis plus tout seul, dès que je suis plus motivé, ma copine essaye de me remotiver. C'est de la pression mais positive. En fait, la motivation dépend beaucoup de l'ambiance et du travail. C'est les montagnes russes. J'avance au jour le jour. Je prends comme ça vient. Je me prends pas la

tête. C'est vrai, suis pas toujours motivé, j'ai déjà failli quitter le chantier ici. Mais bon, si je suis au chômage, elle ne va pas l'admettre. Sans elle, je pense que j'aurais été au bout d'ici, mais j'aurais pas la même vie... elle m'empêche d'aller dans les mauvais trucs du passé.
Pour se motiver, on va voir les autres, celui qui travaille ! Si on peut l'aider...
Suis plus optimiste qu'avant. Le moral, ça conduit tout. *Anonyme, 23 ans*

– Faut être courageux, pas fainéant, faut montrer qu'on en veut. Si t'arrives pas à travailler à la MIPE, tu pourras pas ailleurs ! Ils sont rares ceux qui sont actifs maintenant. Ça m'arrive de leur dire : « Si un jour, vous travaillez chez le patron, ne prenez pas ces habitudes-là, la pause, la cigarette, le patron fera pas de cadeau, c'est la porte. » Si on les laisse faire, c'est des mauvaises habitudes. Si on vient là, c'est pour travailler non ? Enfin... y en a qui ont peur, mais peur, ils parlent pas, rien. Je ne comprends pas bien. *Joël*

– Quand on dit « remettre le pied à l'étrier », c'est repartir sur de bonnes bases. On est cool mais y a des règles à respecter. Être à l'heure au boulot et aussi partir à l'heure au boulot. C'est pas embaucher à 8 heures et raconter ce qu'on a regardé la veille à la télé et être encore à 10 heures au café. Faut se réhabituer à un certain rythme de vie. Déjà, le matin, on a pas trop envie... au black, on fera ça plus tard... ici, faut se motiver, « bouge-toi, faut aller au boulot. » C'est pas une réaction d'ouvrier. Ça n'existe pas chez le patron ça. Avec certains, faut être un peu plus souple, ils ne sont pas capables d'être en entreprise. On lâche un peu de lest mais tous les jours, on resserre un peu, « allez aujourd'hui, ça passe mais c'est exceptionnel ». Il faut apprendre à se lever, arriver propre, rasé, le respect des autres, arrêter de parler de ses problèmes. « On t'écoute, on connaît tes problèmes, c'est pas la peine d'en parler toute la journée, t'es là pour huit heures pour bosser, pour être avec nous, alors autant que ça se passe bien. » Pour les autres gars, c'est lassant, on change de conversation. Les nouveaux, on les met dans le bain. On les met en condition dès le départ. « Ici, c'est pas fait pour critiquer les autres, « machin a fait ci, machin a fait ça », on s'en fout, tu bosses avec les autres, t'as besoin des autres, alors tu bosses. » On demande de faire l'effort d'accepter les autres comme ils sont. Et de ne pas critiquer dès qu'ils ont le dos tourné.
C'est ça qui casse l'ambiance en fait. Et tout le monde se bouffe.

L'esprit d'équipe, c'est ça : les autres sont dans la merde, tu les laisses pas dedans. En fait, c'est pas le boulot qui est important, c'est les gens avec qui tu bosses, c'est l'équipe, l'ambiance. *Patrick*

– Mais, moi, je dis dans toute chose, il faut mettre un peu du sien. Sinon, ça marche pas. Dire qu'on a des problèmes, c'est le prétexte pour pas bosser. « Tu vas pas au travail ? Alors, tu restes avec tes problèmes ! » Faut inverser la chose. Il faut travailler pour ne pas penser aux problèmes. Dans ta vie, c'est pareil, tu as un problème, tu vas t'en occuper pour l'arranger. Devant une difficulté, faut un moment à soi, réfléchir et contourner. On peut toujours faire autrement. Faut être habitué à penser comme ça. Le travail, c'est comme la vie, y a des obligations. Il faut les accepter, accepter qu'il y a des obligations ! *Alex*

– Les problèmes, je les laisse dans l'armoire. Faut pas que l'extérieur vienne dans le boulot. Le boulot me calme, je réfléchis pas sur l'extérieur. Quand le boulot se termine, tu commences à réfléchir et c'est pas bon, je pète un câble, je m'énerve pour rien les gens me disent. C'est ça mon problème au travail. Faut que je sois patient, pas vouloir tout, tout de suite, je dois attendre et rester calme. Je m'énerve vite fait. Moi, mon truc pour rester calme, faut que je tape dans un truc, me suis déjà péter la main. Ou prendre la porte, aller marcher, écouter de la musique, respirer l'air. Ça me freine beaucoup en plus car je suis ailleurs, pas à mon boulot. *Maxime*

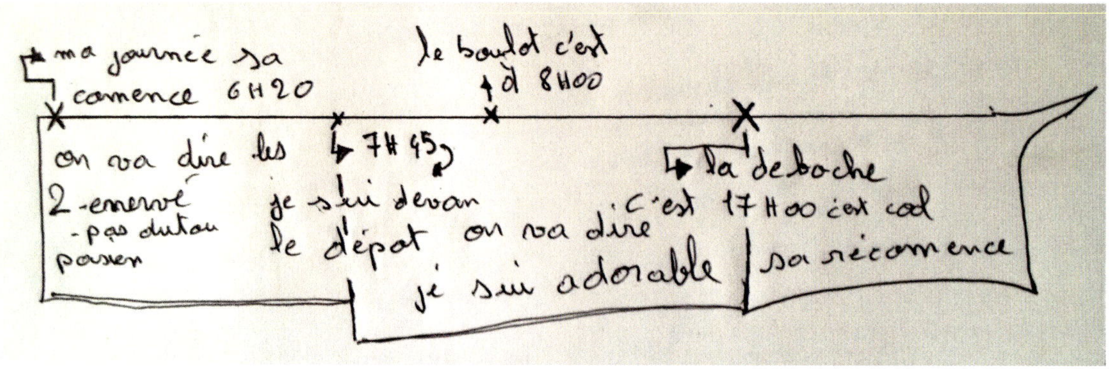

« La journée de travail selon Maxime. »

– Si on est pas motivé, on fait ce qu'on nous demande de faire et ça s'arrête là. En fait, motivé au travail, c'est motivé aussi dans la vie. Si on est motivé au boulot, on fabrique notre vie autour de lui. Si on est bien au boulot, même si y a des petites choses, on les contourne, on fait avec... Si tu vas au boulot, faut pas que tu regardes à côté, le boulot, il est là, faut que tu le regardes. Tu penses pas à autre chose. Tu oublies le reste. *Patrick*

– C'est comme une fleur, si y a pas d'eau, la plante, ça pousse pas. Si, moi, je donne pas ma volonté, je vais pas monter, c'est pareil. Si tu mets de l'engrais salé, c'est pas bon pour la fleur, et le moteur c'est pareil, il peut être bloqué si tu mets pas le bon produit... moi, pareil, si je m'énerve trop, je m'aide pas.
Après, c'est moi qui faut progresser, c'est pas les gens qui doivent le faire pour moi, ils sont là juste pour m'aider, pas plus. C'est à moi de faire l'effort, pas essayer mais vraiment faire les choses. *Maxime*

De la confiance !

– Celui qui n'a pas confiance en lui n'ira pas au travail, même pas s'inscrire pour trouver du boulot car il se sentira incapable, bon à rien : « Je ne vois pas pourquoi j'irai chercher du boulot parce que je ne suis pas capable de le faire. » C'est tout de suite qu'il faut se reconstruire. Si on te dit, « t'es une grosse merde », tu réponds tout de suite. Quand t'es mal considéré, alors on fait plus le boulot de la même façon. On se dévalorise tout seul après, « ça m'énerve, j'y arrivais avant et j'y arrive plus. Qu'est-ce qui se passe ? » On s'enfonce dans sa connerie... La confiance, ça fait tout. *Patrick*
– Le garage m'a permis de me faire voir que je suis capable de faire... de faire des choses. Je suis plus confiant. Ici, les chefs ne me dévalorisent pas. Si par exemple, on fait un truc mal ou qu'on sait pas faire, ils vont pas nous sauter dessus, donc automatiquement ça nous permet de progresser. Quand il me confie un truc, il est pas derrière moi, donc il me fait forcément confiance. *Jérôme*

– J'étais un peu stressé en venant ici. Comment était l'équipe, tout ça. Mais ça s'est bien passé alors le reste suit. Faut pas que je m'isole en fait, faut y aller. Je me suis forcé, j'ai parlé. Les anciens sont venus me voir, c'est plus facile. Après, au niveau du boulot, j'ai suivi, j'ai commencé par les brandes, fallait bien y aller... C'est pas évident. Olivier m'a montré, les bons gestes, j'avais pas les bons. *Anonyme, 31 ans*

– Parfois, je me dis qu'on est notre propre instrument de torture ! On se torture toujours l'esprit, non ? *Alex*

– En fait, on est embauché quand le patron a confiance en nous. Il va chercher un gars sérieux et motivé... Après faut être organisé, ne pas faire tout et n'importe quoi. Les chefs me disent que je suis pas concentré. Ils ont l'œil, du métier. S'ils le disent, c'est que je le suis pas assez. Alors, je dois apprendre à me concentrer. *Madi*

« Je dois apprendre à me concentrer. » *Madi*

– J'essaye avec Lucie en ce moment de rester concentré malgré les éléments extérieurs. Lionel m'a déjà dit, « sois plus concentré sur tes trucs », et en plus, je bavarde beaucoup ; il suffit qu'il y en ait un qui vient me raconter une petite blague ou quoi, moi je pars au quart de tour et je raconte des blagues toute la journée. Du coup, quand je me mets sur un boulot et qu'on vient me parler, je dis « attends, attends » sinon je ne vais jamais le terminer. Je pensais pas que ça allait me gêner dans le travail parce que « ouais dans le travail, ça se passera pas comme ça » et, en fait, si ! Je me mets à l'écart du groupe pour atténuer les bruits qui arrivent, je prends un peu de recul, quand quelqu'un arrive, je le calcule[2] pas quoi, en fait. *Anonyme, 24 ans*

– Pour pas me perdre quand je fais trop de trucs, de la grosse mécanique, le moteur ou une distri, je prends mon téléphone ou je fais des dessins, c'est pour moi, pour me souvenir. La concentration m'aide à prendre confiance. Alors, je peux avancer et faire de la grosse mécanique, le moteur, la distri... *Madi*

– Pour moi, la concentration, c'est fermer la porte à toutes les questions que je me pose, je fais bêtement ce qu'on me dit, je verrouille sinon... si je me pose trop de questions, je n'y arrive pas. Au début, j'étais un peu « foufou », on entendait que moi dans le garage, blablabla et blablabla, des conneries tout le temps, et puis j'ai fait des efforts. Lucie m'a dit que c'était perçu, donc je me dis que je suis en train de faire que ça marche, donc je continue sur cette voie. Si ça n'avait pas marché, j'aurais essayé autre chose. Les chefs me mettraient pas sur un boulot tout seul s'ils ne pensaient pas que je serais capable de le faire. *Anonyme, 24 ans*

– La menuiserie, j'y connais rien, mais je fais quand même. Ça fait un peu peur, faut pas se tromper mais ça m'empêche pas de faire. Je me pose pas de questions parce que si je commence... je le ferais pas. J'y pense pas, comme ça je stresse pas. Je prends comme ça vient. On apprend sur le tas. *Anonyme, 31 ans*

– Les gens, ils ont oublié qu'avant on se formait sur le tas, et puis voilà, ça revient que les entreprises cherchent de l'expérience. Il faut pour l'éducation faire le minimum syndical jusqu'à la 3e, on peut s'en sortir, survivre. Pour bien vivre, il faut aller jusqu'au BTS. *Anonyme, 24 ans*

– C'est bien d'en avoir des diplômes mais si on n'en a pas, ça veut pas dire qu'on ne sait rien faire. Je sais bosser, j'ai de l'expérience. À La Rochelle, j'avais postulé en carrosserie, y en avait un qui était au-dessus de moi, qui a été pris, et pas moi, sauf qu'il acceptait pas d'avoir les

[2] « Je le calcule pas » : je ne tiens pas compte de lui, je l'ignore.

mains sales. Hm, celui-là, il a eu son CAP avec ses papiers, à l'écrit... Le patron, il m'a rappelé quinze jours après pour savoir si je voulais pas y aller, mais moi j'ai dit : « Vous m'avez dit non, alors moi je viendrai pas, suis pas un bouche-trou ». Il s'est rendu compte de son erreur mais voilà, ils ne laissent pas la chance. Prendre deux personnes, à deux niveaux différents, sur une semaine et comparer. Ils se basent tous sur les diplômes, si ça se trouve, il y aurait moins de chômage, si on donnait sa chance. *Dimitri*

– Résultat des comptes, je pense que les diplômes c'était bon avant, dans le temps. Mais maintenant au jour d'aujourd'hui, non, il faut être bosseur. *Jérôme*

– Il faut être très volontaire au travail. Faut bosser, c'est tout. On sait ce qu'on a à faire, alors on y va. On tape dans le tas ! On est des ouvriers. On apporte la pratique de son savoir-faire. Il y a des endroits où c'est galère, faut rentrer dedans. On ne peut pas le laisser comme ça. Y a du travail. On est pareil que celui qui est dans ses dossiers, faut taper dans le tas. On voit clair après. *Bruno*

– Mais moi, suis prêt à travailler, suis prêt maintenant. Je le sens, suis reparti. Suis travailleur. Je peux faire des stages, une EMT[3], après y a des chances qu'on me prenne, le patron me teste, pendant une semaine, voir si ça me plaît et eux aussi. *Anonyme, 31 ans*

– Pendant la période d'essai, il va me juger et il va se dire que je vais lui servir à quelque chose. Le CV est moins parlant qu'une période d'essai. Lui, ce qui l'intéresse le patron, c'est ton savoir-faire, ce que tu vaux sur le terrain. *Madi*

– Être pro, c'est ne pas reculer devant les tâches, pas d'état d'âme, prendre le temps qu'il faut. Y a pas de « on verra bien » au travail. C'est avoir une grande conscience professionnelle. Faut vérifier son travail, sinon, je me fais une balise chez moi tout seul, je me dis « oh le con, le mec va avoir une couille avec sa roue »... L'expérience, le métier, c'est avoir tous ces réflexes qui font que t'es pro. *Anonyme, 24 ans*

[3] EMT : Evaluation en Milieu du Travail

– Expérience... j'aime pas ce mot expérience, on en a jamais assez parce qu'on en a apprend tout le temps... Je suis une personne qui aime toucher à tout, je ne suis pas un spécialiste, faire un peu de plomberie, de l'électricité. Suis comme le doc' en fait, suis le généraliste, je me vois pas me spécialiser dans une chose. Je suis multitâche et je sais m'adapter à tout. C'est ce que je mettrais en avant pour un patron. *Philippe*

– Quand on travaille, on pense aux autres, oui, on va rendre le secteur propre. Les gens qui vont se promener, ils vont regarder quelque chose de propre. Son chantier, il faut le voir à l'avance. On n'a rien pour attirer le gens, on peut mettre du floral au lieu de la pelouse, faire un champ de fleurs autour de la mare. Moi, j'aime bien améliorer les choses, c'est ça qui est valable. J'aime bien prendre des initiatives. Faut réfléchir.
Il ne faut pas que le résultat plaise qu'à moi mais aussi à la personne pour qui je l'ai fait. Le travail, c'est aussi une histoire de concertation et d'organisation. Il faut savoir travailler en équipe, pour la sécurité. Quand un gars travaille à la tronçonneuse, on lui ouvre la barrière pour qu'il continue, il peut se blesser comme il peut abîmer le matériel. Ne pas respecter leur matériel, j'ai horreur de ça.

- Qu'est-ce qu'on en a à foutre, c'est le conseil général qui paye.
- Et alors c'est toi qui travaille avec, mec !
- Eh ben je ferai autre chose...

Quand j'étais auto entrepreneur, je connaissais la valeur de mon matériel. À la limite qu'on casse son matériel, je paierai les réparations mais casser le matériel d'un autre, ah non. On nettoie ses outils et on les range, c'est tout, y pas à discuter là-dessus. *Bruno*

– Quand on a été longtemps au chômage et qu'on se retrouve là en chantier d'insertion, on est face à ses responsabilités, rien parce qu'on travaille avec une machine. Rien qu'un marteau, il a été pris à tel endroit, on le remet au même endroit. On le laisse pas traîner. Pareil faut nettoyer sa machine. Ce sont des réflexes à avoir. *Philippe*

– Quand on finit un chantier, on peut le regarder, j'ai toujours fait comme ça. On peut dire, moi j'étais là-dessus, j'ai fait ça. C'est ça qui est valable.

Alors, on est employable quand :

- Un gars qui tape dans le tas, qui connaît bien son travail,
- Avoir envie de le faire, d'aimer ce qu'on va faire,
- Respecter son matériel,
- Esprit d'équipe,
- Respect du travail, bien fait,
- Dire qu'on ne sait pas faire et savoir demander de l'entraide. *Bruno*

– Je suis dans mon travail, pas à coté comme ça... faire un bon travail, savoir faire des choses compliquées. Être professionnel. Être « efficient », c'est nécessaire de... « to plan »[4]... C'est ça qui me motive. Je travaille avec fierté. Ce qui est important, c'est de faire un bon travail. *Lee*

– Je donne mes avis, je m'implique. Quand c'est impliqué, c'est qu'on est vraiment intéressé par le boulot. Je me gratte la tête comme ça, comment je vais faire, et puis ça vient et je commence. *Dimitri*

– Faire un bon boulot, montrer qu'on veut avancer dans la vie, être présentable, plus les diplômes avec la compétence derrière... quand on a les quatre, les patrons, ils ferment les yeux. *Olivier*

[4] *Efficient* : efficace. *To plan* : planifier.

« On est employable quand on est impliqué, quand on a envie de bien faire son travail, qu'on respecte son matériel et qu'on sait travailler en équipe. » *Bruno*

De la confiance !

Pourquoi travailler ?

S'en sortir

Rayer des cases, l'alcool, la drogue, le tribunal, la rue...

– De trente-sept à quarante, moi j'ai coulé, j'étais dans la rue. À quarante ans, j'en suis sorti, j'étais en communauté à Lourdes. Clairement, ma motivation, c'était pas le travail, c'était m'en sortir. Mais oui, l'oisiveté pour ceux qui ont des problèmes d'addiction, c'est la pire des choses, y a les pensées qui reviennent et ça te ramène toujours en arrière. Franchement, je crois que dans ma vie, j'ai toujours eu le bon Dieu avec moi. Parce que j'ai fait des choses... l'univers de la rue, la drogue, tout ça, j'ai failli être tué plusieurs fois, j'avais des dettes, j'étais pas bien, j'étouffais, plus j'allais, plus ça empirait. En quittant la Martinique, j'ai voulu fuir, en fait. *Alex*

– M'en sortir c'est ne plus être en CDD ou au RSA, c'est trouver un CDI. C'est aussi nous en sortir avec ma maman. C'est la cata. Je m'en sors un petit peu, c'est limite, ça va prendre un peu de temps pour me remettre à flot. Le travail c'est important, faut quand même que j'arrive à me sortir des problèmes que suis là, le tribunal... et sans travail, on reste au même niveau. Dans un petit coin de ma tête, oui, y a le p'tit mot « CDI » qui est là et qui ne veut pas décrocher, il s'est mis à l'orange pour l'instant. C'est une alerte qui me dit : « Ouais, faut que tu trouves un CDI », ça clignote. Il faut que ça passe au vert ! Ah oui, il faut qu'il passe au vert, il ne peut pas rester comme ça. Ma maman, c'est aussi une grosse alarme.

« L'oisiveté pour ceux qui ont des addictions, c'est la pire des choses. » *Alex*

Dans ma tête, il y a : la nature (les balades), le CDI, la maman.

Des fois, c'est démoralisant. Quand suis arrivé en Deux-Sèvres, je trouvais pas de travail et en plus comme j'avais perdu le papa, j'ai coulé dès qu'il est parti. J'ai bien touché le fond. M'en sortir, c'est avoir une stabilité au niveau de tout, c'est l'équilibre qu'il faut être ces trois mots, « Nature », « Maman » et « Travail ».

Là, je suis content d'être sur le chantier, ça me soulage, je peux faire des trucs encore pour m'en sortir. En ce moment, c'est trop tôt de penser à trouver un CDI. C'est à moi de faire les preuves pour montrer au patron que je peux travailler pour lui. Ça va mettre beaucoup de temps pour me remettre à flot. Le travail change les idées. Au boulot, on pense à autre chose. Oui, mais ça revient très vite et ça se rapproche très vite aussi. Les petits jugements... le travail met de côté les petits soucis, mais pas pour longtemps. Oh là, on se dit que ça revient vite. Ça me déprime ça. On est venu ici avec la maman pour s'en sortir... Des choses que j'ai attrapées on va dire. C'est de ma faute aussi, j'aurais dû laisser courir aussi, y a des petites phrases, pas bon.... J'y vais anxieux (au tribunal)... car pour trouver un travail, c'est un peu compliqué et même si je trouve je me vois mal expliquer à mon patron que je dois monter dans la région parisienne pour un jugement et il faudra expliquer... Le passé est bien accroché à moi tant que cette affaire est là. Ça me met un petit frein, un boulet à la patte. On le cache, tout ça, derrière le travail. Oui, je veux m'en sortir. Au moins ne pas avoir des soucis un peu plus graves que j'ai là. J'ai conscience que je faisais des conneries. Avec le recul, suis bien content de ne plus en faire. Si j'ai pas de travail, je tourne rond. Et j'aime pas. Après, tu vas sortir, tu vas connaître des fréquentations qui vont pas être bonnes et m'emmener dans des traquenards. Replonger dans les conneries que je faisais avant. C'est pas le bon plan. Le travail, c'est le bon plan. Faut que je m'en sorte là, financièrement et mentalement. J'ai des coups de cafard des fois. Quand on voit qu'on se rapproche du site, qu'on va voir les collègues, boire le café, ça va nous changer les idées et après on commence le travail, la journée se passe et voilà, c'est bien. Y a pas que les soucis quoi. *Anonyme, 30 ans*

– Avec le chantier du Cébron, j'ai pu rayer une grosse chose, l'alcool. C'est long et dur de sortir de cette case. Il faut beaucoup de bon vouloir. C'est un peu la faute du chômage tout ça. Je ne sais pas si je serais pas tombé dedans si je travaillais. Quand il y avait pas de chômage, y avait pas d'alcool. Pas d'alcool sur le lieu de travail... mais à la maison, je pouvais toujours m'en procurer. Le travail, ça bloque. Pour bloquer à la maison, je suis allé me faire soigner. Maintenant, je n'y pense plus. Je voulais au moins garder ce travail-là au Cébron, il me plaisait. Alors, j'ai entamé la cure en août 2011, c'est une date importante. Y a eu du chemin quand même de fait. Avec le travail et l'alcool en moins, beaucoup de choses que j'avais perdues sont revenues. Me remettre en couple, avec la mère des enfants. Le chômage peut casser un homme. Le travail stabilise. Y a le salaire, y avait un bon mois du salaire qui passait dans l'alcool, maintenant je peux me permettre d'acheter des choses. Il me manque le permis et un poste fixe. Ici sans permis, tu peux pas faire grand chose. Ils estiment que je bois encore, je dois encore repasser le test. Je peux commencer le code dès que j'ai ça. *Charley*

– Suis toujours malade (de l'alcool), on est malade à vie. T'apprends des choses en cure, ça fait peur. J'ai eu peur... Pour t'en sortir, tu dois changer tes habitudes, trouver une occupation au moment où tu as l'habitude de boire, on apprend à gérer sa solitude. Je me surveille. J'ai pris la décision de me faire soigner pendant les fêtes de Noël, j'étais entouré de gens qui buvaient. Quand je suis revenu ici, je l'ai dit à Françoise et, direct, elle a pris le rendez-vous. Le chantier m'a aidé à partir sur de bonnes bases, voilà de bonnes bases. Je ne sais pas si j'y aurais été sans le chantier. Je suis un nouveau gars, l'ancien est parti. Il était pas si mauvais que ça l'autre... Mais bon, il le fallait. Pour ma fille Vicky, c'est combat, combat. *Philippe*

– Quand on est drogué, le cerveau n'oublie pas, le coté nuit est toujours là. Il faut être toujours vigilant. Moi ça fait cinq ans, mais tout peut s'écrouler en deux secondes. J'y pense parfois, ce petit coin sombre est toujours dans ta tête. Faut être vigilant face à la facilité, au plaisir. J'ai un cadre avec des obligations. Les cinq ans que j'ai vécus là ne vont pas couvrir les trente ans. J'ai mes deux cadres, à la maison et au travail. Le passé, ça me sert toujours : moi non plus je ne l'oublie pas ! Le travail, c'est ce qui te donne la marche à suivre, c'est ce qui te permet de faire des choses bien, c'est un but dans la vie. Je sais pas si ce que je dis là peut toucher quelqu'un, mais il faut un suivi, pas qu'une parole. Le jeune va lire le livre aujourd'hui, mais après, derrière il va faire quoi ?... Maintenant il y a trop de choses attirantes à côté du travail, la musique, l'alcool, la drogue, le téléphone... Il va zapper de suite si on le maintient pas. Donner le moyen aux autres de faire, c'est plus difficile.
Notre vie, c'est ça, il faut tout, tout enlever. À la communauté, j'étais avec un jeune, on nettoyait un four, je lui disais « allez faut tout, tout enlever, nettoyer... » *Alex*

Ne plus être un cas soc'

– Le travail permet de basculer dans un système + + +. Avant on pensait pas à l'avenir, j'ai encore un peu de mal, les projets... J'espère ne pas retomber dans le système d'avant. Ah oui, sans le chantier, je ne tirerais pas tout ça. Toutes les filles n'ont pas compris, elles attendent, elles sont assistées. Avant j'étais comme ça, je vivais sur le RSA. J'étais un cas social. Les restos du cœur, le secours catholique. Hors de question que je travaille, j'élève mes enfants. Je me faisais entretenir, j'avais un homme qui ramenait de l'argent à la maison. Mais c'était un prétexte. C'est normal, on nous donne tout, on paye nos factures, on nous donne des vêtements, à

manger ! Sans travail, pas besoin d'organisation, on fait comme on a envie. J'avais pas d'objectifs. On attend.
C'est mon ami qui m'a donné un coup de pied dans le derrière, pas la société ou la CAF. Les autres filles, c'est dommage qu'elle ait pas un bonhomme comme moi, moi il était temps que je m'en sorte. À trente-quatre ans, sans mon ami, j'aurais peut-être mis plus de temps... C'est un grand pas ça déjà, de ne plus avoir envie de rester à la maison qu'avant ça me dérangeait pas.

Les messages importants que je veux faire passer ?

- J'ai eu besoin de quelqu'un qui me pousse.
- J'étais prête. Il avait déjà essayé avant. Je faisais de l'intérim mais quand j'en avais marre, j'arrêtais.
- D'arrêter l'intérim qui était un prétexte pour montrer que je travaillais.
- Faut prendre sur soi, mon ami me disait, « tu vas voir les cas soc', dans quoi tu vas tomber. ». Oh là là, je vais être pire que ce que j'suis. J'ai eu peur.

Ici, le chantier, on s'engage. J'ai attendu six mois avant d'embaucher, tous les mois, je les appelais, j'étais bien motivé. Je savais que c'était le truc qu'il me fallait. J'ai pas lâché.
Avec le travail, il faut s'organiser, on est acteur, avant on l'est pas. Là, je maîtrise plus les choses. C'est sûr. Aujourd'hui, je ne suis plus assistée, je suis normale.
On n'était pas malheureux mais je m'aperçois qu'avec deux salaires, on est encore mieux. Vaut mieux que j'y mette du mien. Et même vis-à-vis de mes enfants, qu'ils voient maman travailler et ça je viens de le comprendre.
J'ai l'envie d'être comme tout le monde : travailler, rentrer chez soi, faire garder les enfants, payer une nourrice, un centre aéré, aller à Leclerc et acheter un petit peu de marques. Faire comme tout le monde quoi.
On veut manger au resto, on mange au resto, partir en vacances, c'est vivre ! Avant, on pouvait pas. Le travail permet toute cette liste. Il change la vie, carrément. Je vois la vie largement plus belle qu'il y a six mois. C'est même pas une histoire de salaire, je me verrais plus là, comme ça, à la maison. Ça a changé tout, plein de choses dans ma tête, ah oui, j'ai un regard sur les gens, ma famille, autre, autre.

Le travail

Avant	Après
J'attends qu'on me donne	C'est moi qui attrape
On pleure devant les factures	On regarde la facture ! On la prend
Questionnements	On la paye par petits bouts
Angoisse	On ne pleure plus, on tient le coup
Rejet (on la paye pas)	On va y arriver
Fuite	Moins de questions
On balance la facture	Plus peur
	On rigole, on appelle pour fractionner la facture
	On assume plus
- - -	+ + +

Il y avait plein de dettes accumulées, là on arrive à se mettre à jour, tout doucement, mais on y arrive. Les factures sont toujours là mais j'ai pas peur. Quand il y a une facture d'électricité qui tombe, j'ai moins peur, même si on va mettre du temps à payer une facture de 500 euros. On peut donner 100 euros alors qu'avant on donnait 10 euros, 20 euros. On a moins de risque que l'huissier vienne. Faut une paire de chaussures pour les enfants, on n'a pas besoin que le beau-père paye ou le papa. Là, je peux. C'est important de dire « je peux », « c'est maman qui a acheté ». Mes enfants sont fiers de moi. « Maman travaille et maman fait de la poterie. » Je viens au travail avec bonheur. C'est du bien-être.

Maintenant, j'ai envie d'attraper quelque chose, qu'avant non. C'est moi qui attrape. Avant c'était le noir complet ! La couleur du moment ? Marron. Ça s'éclaircit. Je voudrais que ça aille jusqu'au jaune, j'espère qu'il y a pas trop de couleur sur la palette !

Il me plaît bien ce tableau, avant/après. Une fois qu'on est là (du côté droit), on nous coupe tout ! Maintenant que je travaille, ils le savent... j'ai plus de RSA, maintenant c'est le salaire, j'ai cumulé pendant trois mois, les allocs logement ont baissé. Le 10 du mois, c'est bon, y a plus de retrait, c'est passé. Avant, les factures, on les déchire, et puis lettres de rappel... Le travail

est un bien-être car c'est moi qui maîtrise, avant c'était la CAF qui tirait les ficelles, le système. Oui, je l'aime bien ce petit schéma du « Avant/Après ». Qui ne l'aimerait pas ? Enfin, moi je l'aime bien !
C'est plus les mêmes questions qu'avant. C'est plus par rapport aux factures mais au travail. La peur du « après ». Avant, le « après », je m'en foutais, maintenant je pense à l'avenir. Il est là le problème, c'est qu'il fait peur maintenant l'avenir !!

Lætitia a effectué un stage qui s'est mal passé. Son rapport est négatif. Elle m'en parle à son retour.

– Là c'est un retour en arrière, je suis dans le noir, je suis plus dans le jaune. Ça m'a foutu une claque, j'en ai pleuré pendant trois, quatre jours la semaine, non ça allait pas. C'est fragile tout ça, je vois qu'une mauvaise expérience peut me faire chuter, oh là là, oui ! *Lætitia*

Devenir autonome et trouver son équilibre

– Pour le moment, je travaille. La route elle est stable. Je suis tranquille, ça va, je suis pas perdant en fait. Je suis plus tranquille dans ma tête, j'ai pas de soucis particuliers.

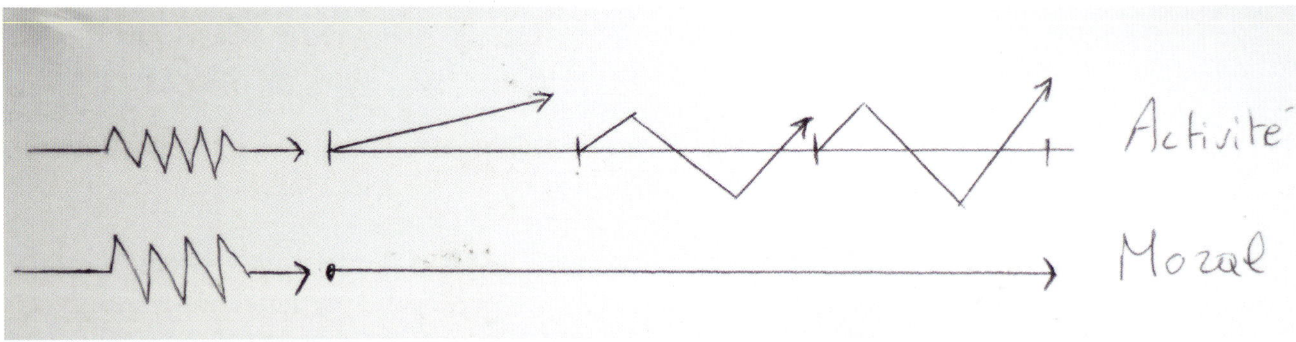

« Mon moral est stable qu'il y ait de l'activité ou pas à Chantier Méca. » *Madi*

Avant, le chantier Méca, une fois que j'avais pas de boulot, j'étais stable mais dès que je n'en avais plus, je n'étais plus stable. Là je faisais au maximum, un mois, je savais que le contrat allait finir. Mais, là j'ai un contrat de six mois, qu'il y ait de l'activité ou pas, donc au moins j'ai quelque chose à faire en fait. Je ne vais pas rester à dormir jusqu'à 10 heures pour rien faire. Être stable, c'est ne plus réfléchir à comment faire tel truc, avec le travail, tu as un salaire, tu peux avancer, c'est projet. Le travail permet d'avoir des projets. Oui, je suis plus tranquille dans ma tête. J'ai un salaire. *Madi*

– Être plus patient, c'est la base qu'est tout. Il faut que je sois organisé, déjà bien comprendre le français. Si je mélange français et créole, c'est foutu, je m'énerve, je fous tout en l'air, je tape... Donc mieux comprendre et mieux s'exprimer ... ça fait trois semaines que j'ai mon appart'. C'est une autre étape dans la vie. Je veux pas la vivre tout seul comme un con. L'appart' ça fait partie de ma progression, de mon autonomie. Faut que je sois patient, ne pas vouloir tout de suite, le permis c'est pour après. Décrocher un contrat, encore pour après. J'avais l'impression de gagner la tune comme ça, mais c'est pas ça du tout. La vie c'était du jeu. C'est pas du jeu, faut bien savoir dans quel truc tu vas t'embaucher, je les croyais pas les jeunes, mais oui... ma mère m'a dit « tu vas voir avec ton loyer, tu vas voir comment tu vas dépenser et tout ». Tu réalises, avant j'avais pas écouté, mais

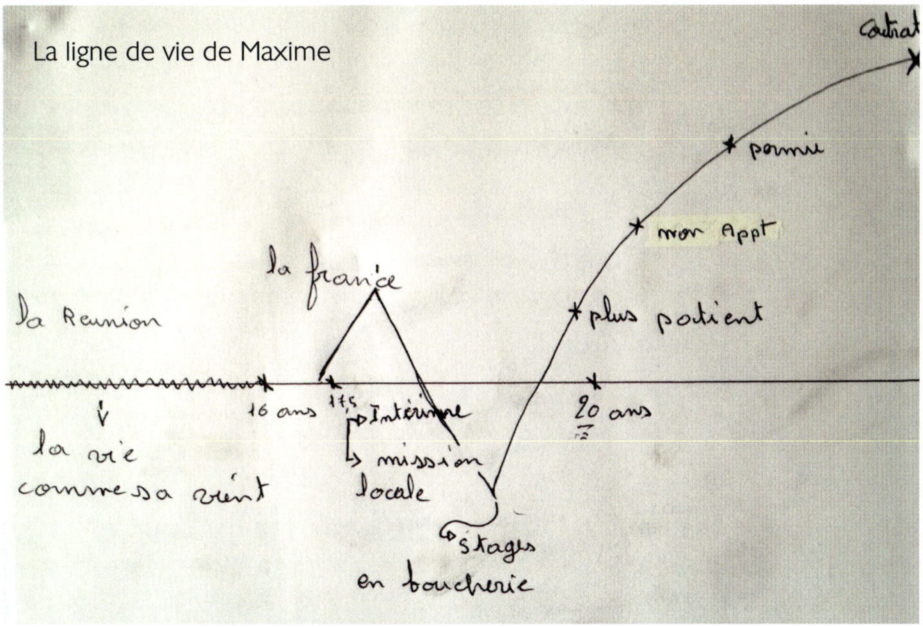

La ligne de vie de Maxime

maintenant, je comprends, je réalise par moi-même. Là, je m'achète des trucs, 50 euros sont vite baisés, le loyer, c'est baisé. Eh, tu calcules ! Ça part vite. L'appart m'a aidé à mieux comprendre. De l'autonomie, faire tout seul, faire pour moi, de toute façon depuis que je suis ici, je me débrouille tout seul. Le premier jour à dormir, c'était pas facile, facile, je pensais à ma mère, qu'est-ce qu'elle va faire... elle est malade.
C'est le travail qui tient tout. Tenir bon et pas lâcher. Si je perds le boulot à chantier Méca, je casse tout, encore une fois, le contrat, l'appart, je rendais tout, en même temps, je rentrais chez moi, à La Réunion... mais j'ai pas envie, j'ai un cousin qui est ici depuis trois semaines, il m'a dit là-bas, y a rien. Alors, je me calme, je me calme... Ici, c'est le seul boulot que j'avance, où j'ai pas tout cassé. Je paye mon petit loyer tranquille. Je ne vais pas dépenser l'argent comme ça aussi. J'ai plus d'amis, ils me voient vite faite comme ça, les amis, ils changent, on voit vite les bons amis et les autres hein ! C'est depuis ici, ils sont jaloux, ils sont éloignés de moi, les amis je peux m'en refaire vite fait, c'est pas un problème... hm l'autonomie, c'est pas facile hein ! *Maxime*

– Travailler c'est ? Gagner sa vie pour survivre. C'est pas pour vivre non. Pour survivre. Du coup, on peut pas trop se projeter, c'est « on verra bien ». Donc moi pour l'instant, c'est au jour le jour. Aujourd'hui je fais ça, demain j'aurai autre chose. On gagne pas grand-chose et en plus j'ai l'impression qu'il faut être bosseur, très bosseur, plus que nos parents. Ils trouvaient peut-être plus facilement. Ouais, ouais, faut être dur à la tâche... juste pour survivre... Celui qui vit chez papa, maman, qui paye rien, il peut pas mûrir, il n'a jamais rien fait le pauvre bonhomme. Moi, je me débrouille depuis le lycée. Je le dis avec fierté, personne ne m'a jamais dicté ce que je devais faire. Mon BEP, mon CAP, c'est moi. Quand on a un appartement, on est bien obligé quand y a les factures qui arrivent, ceux qui sont derrière, ils vont pas attendre pour le paiement... Il me faudrait un travail stable et fixe... oui c'est déjà la stabilité et après hop, on apprend tous les jours, on peut progresser. *Jérôme*

– Je cherche mon équilibre... dans la vie en général. C'est un ensemble, le travail fait partie de cette balance. Il y a le poids du travail, les loisirs, la famille, les amis, les contraintes et les plaisirs. C'est un mouvement de balancier complexe, il n'y a jamais d'équilibre parfait, il n'y jamais rien de neutre.

Pour moi « travailler », c'est « une hygiène de vie », des « raisons de vivre » et le « revenu ». Le triangle c'est très beau, trois éléments qui peuvent centrer quelque chose. Comme je pense que l'hygiène de vie mène les deux autres, je la placerais en haut. La base serait là avec « Revenu » et « Raisons de vivre »... « d'avancer » plutôt... C'est pour ça que je l'avais mis en A... Elle globalise entre : se lever le matin, manger comme il faut, avoir de l'argent aller faire ses courses, payer l'eau et pouvoir se laver quand on en a besoin, d'avoir de quoi s'acheter des vêtements. Pourvoir à la limite s'offrir des loisirs. Je suis beaucoup dans la survie mais ça ne me gêne pas, je suis comme ça. J'ai quand même des loisirs, le surf et je paye pas les vagues, juste la planche... voilà tout simplement subvenir à ses besoins et puis sur un plan plus personnel, intellectuel, pouvoir s'enrichir. Ici, je me suis enrichi de choses, je n'ai fait pas que ramasser des cailloux ! S'enrichir soi-même, pouvoir partager des connaissances, c'est ça les raisons d'avancer.

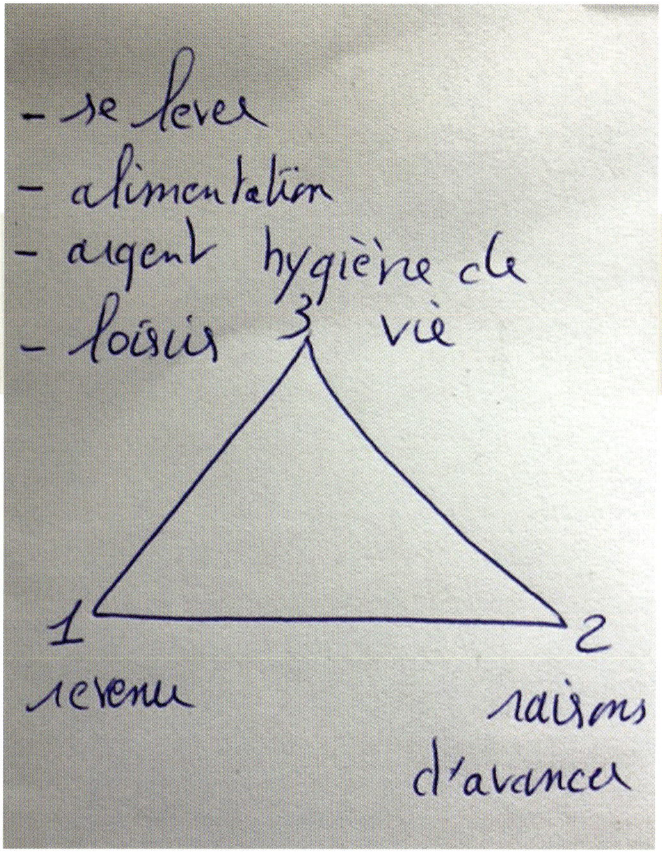

« Le triangle résume ma recherche d'équilibre. L'hygiène de vie mène les deux autres. » *Anonyme, 30 ans*

Cet équilibre est la base de l'hygiène, trouver le juste milieu, essayer de s'y trouver, tendre vers ça... Je n'avais pas perdu l'habitude de me lever, mais de « me lever pour ». Oui, ce n'est pas la même chose. Se lever pour aller chercher du travail, c'est bien mais c'est très anxiogène quand même. Savoir qu'on va travailler sur le chantier est un confort de vie. *Anonyme, trente-trois ans*

Regarder vers l'avenir

– Avec un salaire, je peux avoir des projets. Et parce qu'on est occupé, on pense moins à ses soucis... Moi, je suis plus tranquille, je suis moins préoccupée, je suis plus heureuse, j'ai plus le moral, ça me permet d'avancer quoi. Même si je rate le concours au mois de mars ça m'empêchera pas de rebondir et de le repasser. Je suis assez positive dans la vie en ce moment. Parce que je vois là mon BAC on m'aurait dit y a trois ans « t'as le potentiel de l'avoir», j'aurais dit « non » tout de suite, « j'ai aucun potentiel ». J'étais très négative sur moi-même... c'est vrai que le fait d'avoir réussi mon BAC à trente ans me fait une petite fierté quand même. Et puis, j'ai très bien réussi mon stage. Il est très positif, j'ai eu un des meilleurs bilans selon Marie, elle est très contente. Le stage valide mon projet, comme eux ils ont tout validé que je suis faite pour ça, même si moi je le savais déjà.
Aussi ce que m'a dit la responsable du stage que j'étais très polyvalente, qu'elle ne me voyait pas toute seule dans un bureau, très sociable... J'ai eu que des « Très Bien » presque partout. Je savais que ça s'était bien passé mais là c'est écrit. Je vais refaire un stage dans un autre horizon, j'ai envoyé dans pas mal d'endroits, j'ai envie de voir dans un service contentieux ou dans une PMI. Tout ça me montre que j'ai eu raison de reprendre mes études.
Oui, je suis vraiment contente d'avoir réussi mon stage. Je suis confortée. Ça aide au niveau de sa confiance. Ah oui, j'ai repris confiance en moi, la reconnaissance vu que mon stage s'est bien passé... la liberté de ne pas toujours rester chez moi à penser à ma sœur, ça me permet de penser et vivre pour moi, ici j'ai trouvé de l'amitié... Le chantier m'a appris que je voulais être calme, très calme, et puis assez manuelle, j'en doutais pas, mais pas autant. Je suis sûre de mon travail que je veux faire, j'ai plus qu'à trouver le travail, y a plus qu'à... ce qui va être le plus dur.
Le fait de nous mettre des objectifs nous oblige à faire des choses. Les objectifs qu'on me donne au chantier ne me mettent pas la pression, au contraire, c'est pour m'aider à avancer. Et je me rends compte qu'en se mettant moins de pression, on y arrive mieux donc ça sert à rien de se mettre la pression. Non, j'ai pas peur, de toute façon faut pas, ça sert à rien. Et puis, y a pas le choix sinon on n'avance pas, ça progresse tout le temps, tout métier progresse, donc automatiquement on n'a pas le choix. Puis, moi je pars du principe que dans la vie, on en apprend toujours jusqu'à notre mort. On sait pas tout puis heureusement ça serait

ennuyeux ! Les objectifs nous donnent un pas vers l'avenir, je pense qu'ils nous obligent à voir l'avant... pour l'après ! Et ça c'est très important. *Nelly*

– Je veux avoir plus d'expériences mais comme je veux en savoir plus en électronique, je ferai une formation.

> Apprendre la mécanique
> Le projet pro
> Salaire
>>>>>> ça m'aide pour mon avenir

Le salaire m'aide pour le loyer, le permis, si, ça m'aide pour un métier. Car le salaire m'aide pour le permis et le permis va m'aider pour un métier. *Madi*

– Grâce au chantier, ma route est tracée. Avec des virages mais bon... avant y avait plein d'arbres, c'était semé d'embûches, y avait des trous. Maintenant la route est éclairée. Après ça dépend, si j'atteins vraiment mon objectif « Aide à la personne », je voudrais peut-être continuer jusqu'à la fin. Peut-être qu'après j'essaierai de franchir un autre tremplin pour... mettons... « aide-soignante » à « infirmière » ou quelque chose comme ça. C'est parce qu'on est encadré, ils nous aident quand même à faire les démarches qu'on ne savait pas forcément faire. Pour moi, c'est faire que mes trois mots « CAP », « Envie » et « Travail » soient alignés.
Pour ça, il faut que j'ai mon permis, que je fasse une formation et que je me fasse connaître en faisant des stages.
On a travaillé ça avec Christine et Marie mais je le savais avant car ils demandent partout de l'expérience pro et que je sois autonome avec un véhicule. *Magali*

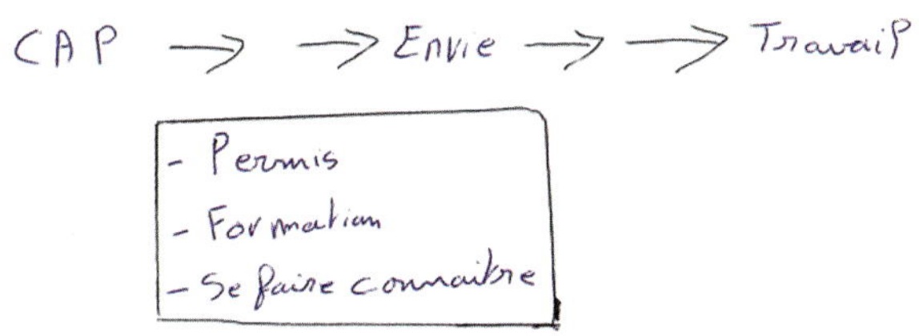

– Le travail, c'est pour avancer dans la vie, c'est l'avenir déjà. J'y pense beaucoup sûrement parce que j'ai ma famille derrière. J'ai des responsabilités vis-à-vis de mes deux p'tits. Les autres ont pas de gamins, sont chez papa et maman. Déjà, le matin ils soufflent, ils sont avachis dans une chaise, et c'est la vérité car je le vois au boulot. Ou arrivés en retard, la tête dans le sac. Je sais pas moi mais je sais que y a des fois où je dors pas assez à cause du p'tit, et je suis là à l'heure le matin. J'ai la tête en vrac et je suis à mon boulot. Après, ça les motivera peut-être, leur chez eux et leurs factures, tout ça, ça changera peut-être. Avoir un métier en main, c'est avoir un avenir. On sait qu'on a notre place, on sait ce qu'on a à faire. La carrosserie est un métier d'avenir, y aura de la demande, par rapport à des métiers que ça tiendra pas, des métiers qui tombent en ce moment. Le mécanicien, c'est de l'électronique.
Je pense à demain, à mes enfants... à la retraite... quand on va être plus vieux, ça compte (de travailler). J'ai des amis qui ont mon âge qui ont bossé que deux ans depuis qu'ils sont majeurs... ils auront leur retraite une fois qu'ils ne seront plus là. Et mes petits enfants... « Tu faisais quoi papy ? », des trucs comme ça. Si je bosse pas, je ne saurai pas quoi leur dire. *Dimitri*

– J'ai des projets maintenant. Sans le travail, on ne peut pas en avoir de trop. Changer de maison, c'est en cours. Ça m'a ouvert pas mal de choses, des connaissances, de nouvelles personnes, j'ai élargi par rapport à avant. Avant, c'était les copains c'est tout. Je travaille depuis l'âge de quatorze ans. Aujourd'hui, j'ai quarante-six ans, entre les deux y a eu beaucoup de bêtises, de mauvaises choses et ça se dessine pas ces bêtises. Mais il y a eu beaucoup de travail aussi. L'avenir on peut le dessiner mais est-ce que ça va arriver ? Il faudrait quelque chose de stable et ça, ça s'écrit plutôt que ça se dessine. *J'esquive la pirouette de Charley en lui demandant un mot pour évoquer son avenir.* « Stabilité ». Je voudrais pas redescendre, c'est ça, je fais faire en sorte que ça monte, éviter de retomber. Mais c'est toujours pareil, on peut pas projeter l'avenir. *Charley*

« Entre 14 et 46 ans, ça se dessine pas les mauvaises choses. Mais y a eu beaucoup de travail aussi. Maintenant, je voudrais la stabilité. » *Charley*

Y a pas que le travail dans la vie !

– On n'a qu'une vie, je ne vais pas me prendre la tête non plus. J'ai vécu ça aussi quand ma sœur a fait son AVC. Elle arrive, elle va bien et après ça va plus du tout. Ça va vite hein ! Je le sais mais quand même, je construis des choses, je ne veux pas rester bloquée. *Florence*

– Le travail, c'est en annexe, aujourd'hui, y a tellement de trucs possibles. On se casse à trouver un travail, et puis demain, je sors de chez moi et je vais me faire tuer. Tous les jours, je me dis que je peux mourir demain, et même là je vous parle, je peux avoir une crise cardiaque… On est une génération qui a compris que ça sert à rien de se prendre la tête. On n'a pas envie de se tuer à la tâche et d'arriver à la retraite et de mourir d'un cancer. En région parisienne, j'ai été SDF pendant deux mois, j'ai dormi dans des voitures, j'avais des coins que je connaissais, où j'habitais avant, dans les cités où je traînais, tout ça, dans des voitures volées… Nan, le travail, c'est en annexe, aujourd'hui, y a tellement de trucs possibles. Là vous me voyez posé et tout, je suis obligé de me structurer et de me poser, et de le suivre… c'est pour ça je dis « on ne sait pas de quoi demain sera fait » car je suis plutôt imprévisible, impulsif, je peux me lever un matin et tout balancer. Je réagis en fonction du moment et c'est pour ça que j'essaye de m'y tenir.
Quand je fais une seule chose, j'ai l'impression de ne pas profiter de la vie. Pourquoi je fais que ça, alors que je pourrais faire ça, et ça, et ça… tout faire en même temps et du coup les journées je les trouve trop courtes en fait. Les journées sont trop courtes et les nuits aussi. J'aimerais bien pouvoir tout faire en une journée, dormir, et après j'ai la vie devant moi pour faire « touuut » ce que je veux. Je pourrais travailler qu'un jour dans ma vie, je le ferais ! Comme ça, non stop, 24 heures, ça me paye toute ma semaine et comme ça j'ai toute ma semaine pour faire tout ce que je veux et après on recommence. Mais c'est pas possible !!! *Il rit.*
Si je pouvais faire un souhait un jour, je ferais toute ma vie de travail en une seule journée, même si je dois me casser une jambe, faire tout, tout, tout en 24 heures et après ? Plus de travail, plus rien, plus rien, voilà moi, mon gars, ma vie elle est faite… la retraite à vingt ans ! On a vu nos grands-parents, nos parents ne pas en profiter. Vous profitez pas de votre vie à votre génération ! Vous faites rien, vous avez pas le temps. Pour nous, vous avez pas le temps. Nous ce qu'on veut, c'est sortir, aller au ciné… On a l'impression que vous profitez

pas.... pfff l'argent... Moi dans la mécanique, je veux juste avoir l'impression de rendre service à un mec et du coup être payé à la fin du mois, c'est pratique, ça sert à vivre. Faut que je trouve du boulot, mais si ça me plaît pas, j'irai pas, même si je suis à la rue demain. Honnêtement, nous les jeunes aujourd'hui, on veut gagner au loto. Nous, on veut vraiment être libres. *Anonyme, 24 ans*

– La finalité du travail, c'est le salaire, pouvoir faire ce que je veux, quand je veux, les sorties, les loisirs, tout. Les sorties c'est peut-être encore plus important que le travail, enfin ouais, j'ai besoin de ça, des deux. Moi si je travaille, c'est pour avoir une paye, ce qui implique que je puisse sortir avec mes potes, moi j'ai pas de sentiments quand je vais au travail. Y a pas que le travail dans la vie quoi ! Et puis, on verra bien, c'est au jour le jour. Nan, c'est pas flippant. *Anonyme, 20 ans*

– Pas que le travail dans la vie, je le fais par obligation. Le temps que tu perds au travail, tu profites pas et la vie c'est court ! Le travail c'est 8 heures par jour, 5 jours par semaine, plus de trois-quarts de ta semaine et après t'as que deux jours, le week-end passe super vite, alors ta vie passe super vite. Et pourquoi ? T'as une retraite à la fin, mais t'as plus le même âge, t'en as 40 de plus !
Mon père, le travail c'était sa vie, il avait son entreprise de bâtiment public, conclusion tout ça pour avoir une retraite de misère. J'ai peut-être pas envie de faire comme lui, il a jamais voyagé. Ils n'avaient pas le même mentalités que nous, eux c'était le travail, ils ont été élevés comme ça, nous a on ajouté à se détendre et puis voilà. On m'a dit « la première fois que tu joues au loto, tu gagnes. » Alors, j'attends le plus possible. *Il rit.*
Si j'étais riche, je ne bosserais plus. Aujourd'hui, le travail c'est pour manger.
Le travail amène du stress dans la vie. Je prends la vie comme elle vient, au jour le jour, on sait pas si on sera là demain. Faut pas trop non plus... je m'angoisse pas par rapport à ça, j'y pense pas trop. Moi, c'est au jour le jour. Je me prends pas la tête. C'est un temps pour mon travail, pas pour moi, c'est juste pour gagner de l'argent. Après, je pense qu'il y en a qui aiment ça, qui sont faits pour ça. Y en a le travail c'est leur vie. Moi, ça sera jamais ma vie. À côté, j'ai des activités, c'est plus rempli, la télé, la console de jeux, la famille, mes amis, mon amie. Y a pas d'obligations, pas de contraintes.

Le salaire me permet d'alimenter cette bulle, c'est tout.
Au travail, on fait ce qu'on me dit, on fait ce qu'on peut. Quand on travaille, on ne profite pas, on fait les tâches.

La bulle du privé et du travail.
« La bulle de mes loisirs est plus remplie. Le travail n'est pas un temps pour moi, ça sera jamais ma vie. »
Anonyme, 23 ans

Pour gagner de l'argent, faut subir, faut se taire. Y a deux catégories, ceux qui aiment et ceux qui sont obligés. T'as envie, toi, d'aller travail dans un abattoir ? *Anonyme, vingt-trois ans*

– Profiter de la vie avant que la vie te prenne, ça c'est sûr, je l'ai beaucoup entendu chez moi. On dit ça sur l'île et ici entre jeunes. Avant la mort, l'accident... alors faire la fête, sortir... C'est la vie comme ça vient. Sur l'île, y a le soleil, t'es en tong... Oui, j'allais pas au cours comme il faut, je voyais des potes. Depuis que je suis en contrat ici, je me suis calmé, j'ai réussi, je ne sors plus, je vais plus en boîte, je paye mon petit loyer tranquille, je ne vais pas dépenser l'argent comme ça. *Maxime*

Et l'argent dans tout ça ?

– Ouais, moi, je m'en fous de gagner des sous, du moment que j'ai un bon boulot et que je me fatigue pas de trop, ouais, c'est ça hein, un travail comme ici, avec les mêmes horaires, je signe tout de suite. Je suis un gros fainéant, ma grand-mère elle m'a toujours dit, dans ma famille, on a tous « les mains à la retourne. » *Il rit.* Vous avez déjà essayé de bosser avec des mains retournées ?
J'attends du chantier que ça m'ouvre des pistes tout en travaillant et le salaire, je travaille pas gratuitement. Je suis d'accord pour que je trouve du boulot, mais si ça me plaît pas. J'irai pas même si je suis à la rue demain. Ça sert ça quoi ? Je n'ai pas peur de la rue, ben non, je m'en sortirai toujours, je suis sans pitié. Je connais, en plus, la rue, de toute façon, je mourrai pas, je me laisserai pas me salir, pourrir. Les premiers jours, je vais galérer, histoire de me mettre bien la rage, je vais voler, casser une voiture et me casser dans un autre pays... Je me casse ailleurs. Je recommence ailleurs.
Le travail, ça sert juste à gagner de l'argent. Si je peux faire de la mécanique au noir pour 400 euros le week-end, je le ferai, et voilà. Si j'avais de l'argent, je répare la voiture à mort, et après un matin, je la fous dans le mur et à la casse, je m'en fous, j'en ai marre et vram dans le mur. J'accorde pas de valeur au matériel.
Pas grave si on me délocalise, on peut m'envoyer en Chine... euh non là-bas on va me faire travailler... euh oui en Jamaïque ! *Il rit.*
Bon je récupère de l'expérience, je mets un peu d'argent de côté, je suis comme tout le monde au final. Ouais, l'argent à la limite... pffff, je suis chez mon père, ce mois-ci, j'ai tout dilapidé. Je me suis lâché, je me suis fait plaisir, même si je n'aurais pas dû. *Anonyme, 24 ans*

– Le travail, c'est mon chèque, mis à part ça je sais pas trop... *Anonyme, vingt ans*

– Parler de l'argent, c'est pas trop mon truc. Au premier entretien, j'ai pas parlé du salaire.
Pour moi, je suis là plus pour apprendre la mécanique, et puis comme je suis embauché ici, je suis obligé de venir, et puis voilà. Déjà moi, j'évolue, eux me payent, donc je paye mes factures. C'est grâce au salaire que je suis tranquille. *Madi*

– Je ramène un salaire à la maison, avant je ramenais rien du tout, ou j'étais en parent isolé. Là, j'ai mon salaire qui tombe, y a pas que mon ami qui doit payer les factures. *Lætitia*

– J'ai deux petites, des jumelles à la maison et je ne veux pas qu'il n'y ait que mon épouse au travail, pas que elle pour élever les enfants, normal. Je ne veux pas qu'on dise : « Lui, il ne glande rien, c'est sa femme qui travaille pour lui, c'est elle qui les nourrit ». J'ai pris un an de congé parental pour les élever les enfants, pour soulager mon épouse. Et puis, mon père qui a quatre-vingt-cinq ans n'a pas encore arrêté, il est à la retraite mais il travaille toujours, oui, oui, oui. Il a été artisan maçon. *Bruno*

– Dans mon travail, je vais dire ce qui est le plus important, c'est l'argent parce qu'on peut pas vivre sans, après on peut vivre sans l'autre, le travail. Le salaire c'est pouvoir manger, boire, subvenir à mes besoins et j'ai une fille aussi, elle a six mois. Ça fait du bien de savoir que tu as une entrée d'argent et que tu as travaillé, ça t'apporte un bien. Je n'arrive pas encore à mettre de l'argent de côté, je viens d'arriver, les meubles, les linges, la bouffe, les plaisirs de soi-même, là j'ai peut-être 100 euros sur mon compte. Je calcule tout le temps. C'est la première fois que ça m'arrive. Moi, je trouve que ça m'a grandi, mûri en fait. C'est comme quand j'étais petit, mon père ramenait de l'argent avec une fiche de paye, maintenant c'est mon tour. En France, j'ai eu ma première fiche de paye, j'en suis très fier ! *Il sourit.* C'est de l'argent qu'on a fait à la sueur de son front. Si je me sens adulte ? Pas adulte, non, mais plus émancipé. *Damien*

Le bien-être au travail... et le malaise

Être utile, on n'est pas des « riens »

Fierté et reconnaissance

– On se dit qu'on sert à quelque chose. Qu'on est plus « RIEN ». C'est ne plus se sentir rejeté de la société comme quand on est au chômage. On se dit qu'on est quelqu'un et on est utile, en plus à la nature, ça c'est quelque chose que j'aime bien. Ça fait du bien. Les gens, les visiteurs s'intéressent, ça prouve qu'on existe, que ce qu'on fait n'est pas que du vent. Bon, on n'entend pas trop souvent « ah c'est quand même bien ce que tu fais, j'avais pas pensé le faire comme ça. » Mais Olivier nous donne une tâche à faire avec beaucoup d'autonomie, ça fait du bien et c'est valorisant, oui ça fait du bien. *Philippe*

– J'avais plus la valeur du travail bien fait. Je travaillais pour travailler. À la communauté, à Lourdes, on me faisait couper de l'herbe, des trucs comme ça, en soi c'est juste couper de l'herbe ! Mais non, y a pas que ça, elle va donner à manger aux moutons, tu embellis le coin. Y a du sens. Comme dans ta tête, tout ce qui t'envahit, tu le nettoies pour pouvoir te projeter. Sinon, c'est vide, dénué de sens, y a rien quoi. Plus qu'ailleurs, il faut toujours demander l'avis des autres, tu mets le groupe devant le travail et on en parle. « Selon vous, comment on va faire ? Qu'est-ce qu'il faut faire ? » C'est ça le social. Et puis, c'est sûr que quand c'est mal fait, mal structuré, mal organisé, non, ça te redonne pas le goût du travail. *Alex*

– Ressentir qu'il y a la direction et nous, le chantier, les « bas étages » est loin d'être motivant. S'il avait plus d'échange, de communication, de considération, on avancerait beaucoup plus facilement. Les ordres sont variants. On sent que la ponte du projet est très bureaucrate et elle est forcément altérée du fait que la personne n'est pas sur le terrain. Ça tue le travail. J'en suis au point de dire que je m'en fous. Donc attention à l'organisation, aux ordres, attention... à nous au final...
Je n'ai pas peur du boulot, je suis capable de le faire malgré mes compétences annexes. Moi je suis capable. Tout le monde sait ramasser un caillou mais tout le monde n'est pas capable d'aller ramasser un champ de cailloux. J'essaye d'en tirer partie, ça te tue pas, ça te renforce. Mais je n'y prends pas plaisir. Tout cela me motive aussi à trouver autre chose, à retourner dans l'animation. Je me dis « tu as eu trente-trois ans hier, tu ne vas pas finir comme ça. »... s'il faut ramasser des cailloux, je le ferai, mais bon là je trouve que ça serait une fin vexante. *Anonyme, trente-trois ans*

– Il faudrait qu'on puisse finir l'ordre, des chantiers commencés un peu partout, et y a rien de fait. On commence tout et on finit rien. Alors que c'est eux qui machinent... Alors je pense à mon boulot, et puis c'est tout. Suis avec mon collègue Lee, on bosse tous les deux. *Dimitri*

– Oui... le résultat est de bonne qualité, mais pas l'organisation, ce n'est pas professionnel. Moi, j'aime être... « involved in » (impliqué), je suis dedans, pas à côté de mon travail. Juste ici, le « blabla », pas comme dans toutes les entreprises. Avec les maçons, c'était toujours bien préparé, très efficace. Je ne suis plus motivé, j'ai envie de quitter. Quand on a quelqu'un qui bosse pas, ça va pas. Ça me plaît pas, le chantier n'avance pas, c'est pas bien pour moi, je préfère la maison ! *Lee*

– Comme je disais, par rapport à mes enfants, je viens bosser pour ma famille. Quand mon petit me demande un truc, je sais que je peux lui prendre. Je suis content parce que je suis là. Ma copine elle m'a dit que ça se voit que « t'es content, t'as ton boulot, ça change ». Ma copine voit que je suis heureux en moi. *Dimitri*

« Je viens bosser pour ma famille, mes p'tits. Ici, je me rends utile. Je suis heureux en moi. » *Dimitri*

– Avant, au chômage, je me levais juste pour emmener la petite à l'école c'est tout. Et les journées sont longues. De travailler, au Cébron, ça a un intérêt pour tout le monde, à la fois pour soi-même, tu regardes ce que tu as fait et tu te dis c'est valorisant, pour les autres, les promeneurs, c'est bien. Nous, c'est les usagers, ils peuvent promener les enfants sans danger, en toute tranquillité. Je me fais plaisir et je fais plaisir aux autres aussi. Le matin, je me lève pour quelque chose de bien, c'est nickel. *Philippe*

– Si on se sent pas utile, on se dévalorise tout seul. Se sentir valorisé et reconnu, c'est très important. Surtout pour les jeunes qui sont là. Pour moi, maintenant, c'est moins important. À une période oui, y a plus de dix ans, je voulais bien faire pour être bien vu. Maintenant, j'essaye de faire le mieux que je peux pour moi-même. Si ça me plaît pas et qu'il y a une critique « tu vois t'as raison, à moi aussi ça me plaît pas », par contre le contraire... là c'est « je t'emmerde ». Du moment que ça me plaise à moi... enfin c'est peut-être pas très bon comme truc... *Patrick*

– J'ai pas l'habitude qu'on me dise « c'est bien », ça me donne confiance, un peu. Faut vraiment se le dire au fond de soi que c'est bien, j'y crois pas trop en fait, mais ça va venir. *Lætitia*

– Pour moi, c'est très important de me sentir reconnue professionnellement parce que je suis une personne qui a toujours été rabaissée toute sa jeunesse... Ah oui, ça serait de la fierté que mon père soit fière de moi.
En attendant.... c'est grâce au chantier que je me rends compte que je ne suis pas nulle, que je suis capable de faire des choses. Donc là je me sens utile, je vois que je suis capable de faire des pièces comme tout le monde. J'aimais pas recevoir des compliments. Quand j'étais au lycée, j'en ai eu pas mal du fait d'avoir repris mes études dix ans après, que c'était courageux. Je devenais rouge comme une tomate. Maintenant ça va, j'arrive à les prendre... Avant je ne savais pas quoi en faire, j'en n'avais jamais eu de ma vie. Des critiques, toujours des critiques. Donc c'est vrai que ça m'aidait pas à avoir confiance. Quand on est toujours critiqué, on n'a pas de confiance en soi, et à force que les gens me disent « si c'est bien ce que tu fais » et tout, oui je commence à le croire et à être fière de moi. Je commence à me dire « en fait ils ont pas tort ». Il m'a fallu trente-deux ans presque, ça a été long ! *Nelly*

Apprendre

– Apprendre, c'est un grand mot déjà ! Connaître les pièces par cœur, bien observer aussi. Apprendre ça fait partie du travail et j'aime bien ça. Faut être sur place, pas qu'assis sur une chaise, à écrire, après quand t'es sur place, tu sais rien. Être là dans l'atelier, apprendre en observant et en démontant. Un petit peu dur. Je n'aurais pas cette envie, je ne serais pas là à 7h50 du matin. *Maxime*

– Non seulement j'ai envie mais je sais apprendre. Ça paraît bête mais ce n'est pas donné à tout le monde. Je retiens et je redonne. Si ça ne me fait pas avancer, du coup ça ne

m'intéresse pas. Dans ma façon, d'être, de réfléchir et d'avancer, je n'ai pas envie d'être dans le « rien », dans la « non réflexion ». Sinon c'est se mettre un masque, une barrière de protection, se protéger de quelque chose, ça fait vraiment anesthésie totale. Travailler sans apprentissage, sans état d'esprit de conception, je ne vois pas l'intérêt. Les nichoirs, un muret... bon... ce n'est pas forcément très, très intéressant mais il y a un résultat qui est visible...
Anonyme, 33 ans

« J'ai besoin d'apprendre tous les jours,
sinon je m'ennuie, je me sens inutile à moi-même. »
Anonyme, 33 ans, à côté de son encadrant.

– Moi, je veux comprendre. Je veux savoir pourquoi. Pourquoi ? Pourquoi ? À l'école, j'avais des capacités, mais j'avais pas envie, c'est vrai, je le dis et puis on nous disait d'une façon qui n'était pas intéressante. On nous questionnait pas, c'est tout de suite les réponses ! Voilà l'histoire c'est super intéressant, ben là, on nous demande jamais notre avis, on nous demande pas pourquoi... «Pourquoi il y a eu la Seconde Guerre mondiale ? » Pourquoi ? Au boulot, j'aime bien réfléchir par moi-même, je fais mes expériences. La dernière fois, Lionel m'a dit de le faire de telle manière, et pour moi, la manière dont j'allais le faire me paraissait claire. Il me dit « non, fais le comme ça, c'est moi qui ai de l'expérience et c'est moi le chef, si je te dis de le faire comme ça, c'est que c'est comme ça »... Il est parti, j'ai essayé ma méthode, j'ai vu que de loin il me zieutait, il voyait que je tenais ma méthode, je faisais l'air de rien, mais il le voyait bien, ben... ça a pas marché !!! C'était pour décoller une étiquette, au dissolvant mais pas à l'essence, mais la dernière fois c'était parti à l'essence...ça faisait des tâches et tout... J'aurais dû l'écouter mais au moins je sais que ça marche pas. Suis sûr de moi, la prochaine fois je pourrai dire à quelqu'un moi aussi, « fais comme ça parce que avec ça, ça fera des tâches et ça décollera mal. » Je peux dire pourquoi... là j'avais un pourquoi, et je serais rentré chez moi, pourquoi, pourquoi, pourquoi... J'aime pas ne pas savoir.... détecter une panne, moi j'adore. J'ai l'impression de partir à zéro et de trouver pourquoi y a un problème... et là tout est plus simple. Il me faut ma petite dose, le truc gratifiant dans la journée, que j'ai réussi quelque chose. *Anonyme, 24 ans*

– J'ai un petit carnet. Je marque le véhicule, l'année et ce que j'ai fait, un changement de plaquettes et je mets étape par étape ce que j'ai fait. Comme ça, si j'ai des plaquettes à changer par exemple, j'ai pas besoin de venir chez un mécanicien, je peux être apte à le faire moi-même. C'est comme un mémo technique, je garde une trace. Ça peut toujours servir pour la famille, les amis. Les chefs ne le savent pas... Mes motivations au travail, c'est découvrir et mon petit carnet. Quand on a un travail qu'on aime bien, on part du plus petit, et hop on fait tout pour essayer d'aller plus haut, découvrir des nouvelles choses. Hop, aimer et avoir envie de grandir, pas rester... Pas stagner. Y en a qui disent ouvertement qu'ils sont là pour le salaire, le travail ne les intéresse pas. Je suis là pour, ouais, pour découvrir. Je suis pas là que pour le salaire, sinon je serais pas là. *Jérôme*

– À l'école, je ne comprenais pas un truc. Le prof arrive, il t'explique vite fait. Et après tu restes là, mais qu'est-ce qu'il m'a dit ? Moi, en fait j'avais pris la même méthode qu'à Mayotte, on rentre à la maison, tac, j'essaye de me faire comprendre à moi, une méthode à moi tout seul. Pour moi, la mécanique, c'est comme les mathématiques, faut toujours trouver une solution. Voilà, j'aime trouver la panne et chercher. Lionel m'a filé 30 giga de cours avec des animations et des vidéos. Quand je suis là et que je n'ai rien à faire, je prends mon casque, tac, je regarde, ça explique comment ça fonctionne.
La panne on peut pas la trouver comme ça, faut des années d'expérience... Le travail, c'est plus une évolution. Mon passage ici me permet d'évoluer, j'apprends au maximum. La mécanique fait partie de ma vie pour le moment. *Madi*

Faire partie d'une équipe

L'importance de la parole, des gestes : le lien au travail

– Sur la photo, je suis avec Olivier, on est en train de débroussailler. Je me suis jamais vu en photo au travail… ça fait plaisir… Il devait me dire d'arrêter. Chacun veille sur l'autre, ça aide et c'est encore mieux quand c'est le chef ! Au Cébron, je ne viens pas à reculons. Au début, je ne connaissais personne. J'ai parlé, je me suis forcé. Pas facile ! Faut pas que je m'isole, fallait y aller et puis ça s'est bien passé. Et puis les autres sont venus vers moi, c'est plus facile. On se mélange. Je suis moins enfermé. Avant le Cébron, ça m'arrivait de ne parler à personne pendant toute une journée. C'est pas évident. L'équipe m'apporte le bien-être. Oui, oui, j'ai plus envie d'aller vers les autres. Ce qui m'intéresse, c'est pas tellement ce que je dois faire, faut le faire, que ce soit moi ou un autre. Si l'équipe marche pas, on peut toujours me payer cher pour venir travailler !

L'entraide, ça motive. Suis plus souvent avec les autres. Pas souvent seul. Et je préfère être en groupe. En équipe suis bien. C'est un ensemble. Je préfère dire « nous ». Le travail, c'est de l'échange. Si je me sens tout seul, je m'en vais. On se sent bien parce qu'on nous parle. Olivier soude le groupe. Quand on arrive la première fois, on nous donne notre équipement, le casque. Chacun a le sien. Tout le monde a ses initiales. Là, ça va mieux, suis prêt. Deux mois de Cébron pour me remettre en route. Un peu de tout, d'écoute, des paroles… pour repartir. Mes parents me disent que ça se voit que ça va mieux. *Anonyme, 31 ans*

« Cette image est positive, de satisfaction.
J'y vois l'ambiance, l'équipe, c'est ce que j'aime. »
Anonyme, 31 ans, guidé par son encadrant.

– Le travail, c'est un lieu de franchise, d'échange, de discussion, de la complicité. Faut dire les choses qu'elles soient bonnes ou pas. On a appris en communauté à dire ce que nous pensons, si on a eu un problème avec les autres, notre ressenti. Ça m'a franchement beaucoup aidé. C'est une association avec les autres pour savoir travailler en équipe. « Je fais comme je sais faire, un point c'est tout. » Il ne va pas chercher à savoir si c'est bon ou pas. Ils auront des problèmes avec les autres et leur intégration sera difficile. Ça se sent, ça se voit. Si t'as pas envie de travailler avec lui, t'auras pas d'échanges avec lui. *Alex*

– J'ai découvert qu'on pouvait avoir un contact au travail. On travaille dans un zoo, les animaux tout ça, ils sont mignons. Ils tournent leur tête quand nous on tourne notre tête. Un lien à aimer les animaux, à voir comment ils réagissent avec nous. C'est tout ce qu'il y a à l'intérieur du zoo qui me donne envie. À des moments, on s'arrête, on les regarde, on fait des bruits, c'est comme s'il nous répondaient. Quand on a été faire la clôture, les moutons ne s'approchaient pas, et à force, ils se sont approchés, on leur a donné des glands et après à chaque fois qu'on approchait, ils venaient nous voir, on était habitué. On est content de venir bosser, style la clôture, on savait que les moutons allaient venir nous voir. On doit tous avoir une bête au zoo qu'on est attaché. Je peux m'attacher au zoo, aux animaux, à la nature. Ça change comme lieu de travail : avant j'étais dans un garage à redresser de la tôle. J'avais pas beaucoup d'échanges… à part les clients qui gueulent et le patron aussi… ici, c'est attachant. Et on a un patron gentil, je l'aime bien. C'est un tout, même les brouettes, c'est nos copines comme je les appelle ! *Dimitri*

– J'ai appris à travailler en équipe. J'ai toujours plus ou moins travaillé tout seul. Ici, je suis moins renfermé. Je parle avec les autres, suis plus ouvert. Je parlais très peu au début que je suis arrivé ici. Après trois ou quatre mois. J'étais autour de la table mais j'aurais pas donné mon avis, c'est vrai. J'étais pas timide mais au début j'avais du mal à parler. J'écoutais mais je ne disais rien. J'avais un avis mais je ne le donnais pas. Ils m'ont aidé, c'est jamais moi qui engageais une conversation. C'est la faute que j'avais toujours travaillé tout seul. En étant chauffeur, on est tout le temps tout seul, vingt ans, même en usine, je travaille de nuit et à deux ou trois. On est dans son champ, dans sa machine, on est livré à soi-même. Quand on conduit une machine pendant dix heures, on est vraiment tout seul. J'étais mal dans ma peau oui, ici, au début. En équipe, on est un peu obligé de parler, j'avais horreur de me répéter... Au début, c'est vachement dur de parler. Ça a été long quand même, au moins six mois, après ça va dans le sens, aimable, la politesse, la patience. C'est vrai que j'avais un mal fou à m'adapter, je commençais à me poser des questions... Je me suis forcé à parler, c'était pas évident... quand on est habitué à travailler toujours, tout seul, le groupe c'est pas simple. Bon, à deux ou trois, on discute... le temps est moins long. C'est plus agréable. Je suis plus ouvert, oui c'est vrai. J'ai découvert que l'équipe c'est sympa ! Je peux maintenant dire que je sais travailler en équipe. On se marre bien. Avant j'allumais la radio, maintenant je n'ai plus besoin ! *Il rit...* *Charley*

Le sentiment d'appartenance

Dimitri et Lee au travail : même cadence, mêmes mouvements.

– Les gens qui travaillent pas, ça me démotive, je travaille moins. Quand tout le monde travaille moins, c'est pas bon. Si y a quelqu'un qui me parle, les autres ils arrêtent. Non, ça c'est moins... pas agréable comme ça. J'ai commencé avec force, avec Pierre et Patrick, et les autres ils sont venus, j'ai un peu deux vitesses avec tout ça. Avec Dimitri, c'est bien, il est comme moi. *Lee*

– On bosse pareil, on avance pareil, on a le même rythme. *Dimitri*

– On travaille beaucoup ensemble. Avec Dimitri, y a les deux, le travail et l'ambiance. S'il y a juste le travail, il parle pas. Ça ne marche pas. S'il travaille pas et qu'il parle tout le temps, ça va pas. C'est 50, 50. C'est une bonne équipe. C'est nécessaire de regarder l'autre au travail. Il peut faire une erreur, c'est normal. *Lee*

– C'est l'entente. En équipe, faut beaucoup écouter l'autre et se comprendre. Quand ils parlent, Lee ne comprend pas, alors j'explique. Je le laisse pas sans comprendre. On est les deux seuls à rester ensemble, à avoir le même chantier. *Dimitri*

– Ça c'est de bonnes photos. C'est ça... on est pareil... *Lee*

– On se donne des avis. Quand Lee travaille, je regarde ce qu'il fait, on se donne des idées, quand suis bloqué, Lee en a une, on s'entraide. Ah oui, on parle du boulot, de la famille, un peu de tout, des conneries pour mettre un peu d'ambiance. *Dimitri*

Dimitri, Lee et leurs « copines » : les brouettes.

– Travailler en équipe, c'est accepter l'aide de l'autre, parfois on le néglige, on croit qu'on peut tout faire tout seul. C'est le côté social du travail. C'est une micro société, comme une famille. Tu partages dix heures de travail avec eux, plus qu'avec ta famille, donc ça a intérêt à être une seconde famille. Fais comme si c'était ta famille, partage ton temps dans la bonne humeur. *Alex*

– Si quelqu'un va pas bien, il va le dire à tout le groupe. On est vraiment comme une petite famille quoi, limite, ça fait vraiment penser à ça. Le lien n'est pas aussi fort... oui... plus une amitié, un lien amical. Si je suis utile, je suis mieux, alors j'arrive à créer des liens avec les gens. Moi ce qui me fait être bien, c'est les collègues, c'est l'ambiance, c'est plus fort que le travail. C'est le chef, l'ambiance qui me ferait partir en premier. *Nelly*

Le plaisir de travailler

L'humour au travail

– L'humour, ça détend tout. Il a la première place au travail, c'est l'élastique, ça relâche, il aide toutes les choses à passer. Faut pas tout le temps rire, mais il faut des moments comme ça. *Alex*

– Moi, j'ai tout le temps de l'humour. ça permet de passer des caps difficiles. On peut avoir des ennuis et avec de l'humour ça passe mieux, on peut en faire de l'humour justement. Un découvert sur son compte comme on disait à midi « ah oui bon ben c'est pas grave, demain je vais gagner au loto ! » C'est aussi poser ses limites sur un truc qui nous gêne, c'est dire aux autres en vannant « là stoppe, ça te regarde pas, je fais ce que je veux. » *Patrick*

– Y en a qui ont connu la guerre ici. Quand tu les vois, tu devines pas les parcours, et puis ils sont heureux, et puis ils ont bien raison de toute façon. Heureux au travail en tout cas, ils s'amusent, ils oublient un peu tout ça je pense. Quand on rigole avec eux, on peut pas penser qu'ils ont traversé tout ça. Oui l'humour c'est important. C'est ça qui emmène la journée pour qu'elle soit moins longue. Y a un moment dans la journée où t'en as forcément marre. Tu vas voir l'autre, tu rigoles et après tu repars. Le chef n'est pas tout le temps avec nous, on doit tous y mettre du sien. En intérim, tu t'attaches pas aux personnes, ici l'ambiance est bonne. Je suis quelqu'un qui analyse, si c'est quelqu'un de correct, on peut lui parler et même rigoler, si c'est une personne un peu bizarre, je vais pas aller vers lui forcément. Ceux qui ont connu la guerre, ils voient qu'on veut rigoler, ça les aide. *Anonyme, vingt-trois ans*

– L'humour est une façon de faire passer un message, je pense que c'est pas gratuit. C'est plus comme ça, pour lui dire « prends-toi pas la tête pour ta pièce. » Je trouve que c'est très important de plaisanter au travail. On chambre, ouais... c'est pour rire, oui, c'est de l'humour quoi, 'fin c'est de l'humour un peu bizarre mais... je sais que moi cet humour-là, je l'ai avec les gens que j'aime. Avec les gens que j'aime pas c'est pas de l'humour. C'est de l'ironie après. *Nelly*

– L'humour, c'est en moi. Mais ça dépend sous quel critère, en usine, c'est pas le même humour. Ici au chantier, tout le monde est content de se retrouver, enfin... certains pas trop. On essaye de mettre en place une ambiance de gaieté mais tout en travaillant. Le petit déclic... si t'as quelqu'un qui ronchonne tous les jours, on sait pas, sa journée s'est mal passée. Nous, on essaye d'amener de la joie et la journée on la voit pas passer. Je le fais pour le groupe qui travaille avec moi, pour donner envie de produire à la demande. Même s'il y a de la plaisanterie, le boulot il se fait bien et le patron est tout heureux ! Y en a qui vont vous insulter, moi je rentre pas dans leur jeu. Ils vont de leur côté, moi je vais du mien. Mais les gens croient que le lendemain tout va bien, tout est oublié, mais non, moi j'oublie pas. « Tu te rappelles... » Oui, oui, ils essayent de plaisanter, mais non, non, on ne plaisante plus. Faut regarder beaucoup de choses au travail. Si vous allez travailler sur un chantier où tout le monde tire l'un sur l'autre, vous allez vous dire « vivement que ça se termine. » Vous allez voir les heures défiler. Si y a de la joie, vous avez pas tendance à regarder l'heure, elles défilent, le boulot il va se faire, en plaisanterie. *Olivier*

Oublier qu'on travaille

– Un jeune, plus tu vas être dur avec lui, moins il va t'écouter car il ne voudra pas quitter le plaisir. Alors il faut lui montrer que, autre part, il y a d'autres plaisirs... mais des plaisirs sains, pas nocifs pour lui. Prendre plaisir de ce qu'on a... pas chercher plus, pas trop vite et au fil du temps grignoter sur les choses pas à pas et lui donner des directions. « Qu'est-ce que tu veux faire ? » Commence par te former dans la chose, déjà ça, perfectionne-toi et donne-toi les moyens. Il faut apprendre à accepter ces moments de douleur. Il faut faire la balance, pour comprendre le plaisir, il faut comprendre les moments de découragement, ça va de pair. En fait, il faut trouver les bons mots, pas forcément penser au travail. Il faut chercher le plaisir dans le travail. *Alex*

– La mécanique, un jeu que j'adore mais qui m'énerve. Vous me demandez si j'aime travailler ? Moi ? C'est une vraie question ça ? J'aime mon boulot, mais j'aime pas travailler. Pour moi mon boulot, c'est un jeu que je kiffe, je kiffe ce jeu, je veux bien y jouer. Pour moi je joue ! Mais honnêtement, le matin je me dis « je vais faire de la mécanique » et pas « je vais aller travailler », sinon ça marche pas. Le mot « Travailler », il me gratte, ça me file des boutons. Je prends la tangente face au boulot, ouais j'adore ça, me faufiler, filer à l'anglaise, c'est éviter le truc, pas le boulot, mais le faciliter au maximum. Je cherche les astuces quoi. Mais l'objectif c'est que ça me plaise, après si j'oublie que je travaille, c'est bonus. Que ça me plaise ! Que je zappe complètement le travail. *Anonyme, 24 ans*

– Quand il y a l'entente, y a plus le travail, comme s'il avait disparu. *Lee*

– J'ai eu certains boulots où le week-end me faisait chier et j'étais content d'être lundi matin pour retourner au boulot. J'étais en contact avec des gens formidables, des personnes super. Alors, le travail peut être très agréable, on se sent bien. Travailler à des fois c'est mieux que dans la vie normale, enfin d'à côté.
Mais, c'est à nous de l'arranger de façon à ce que le boulot soit un plaisir. Comme là, le car, c'est un boulot mais je vais voyager, voir du pays, rigoler. Un boulot mais aussi un loisir. Je

travaille mais c'est des vacances. On est avec les gens, on visite des trucs, on voit les paysages avec eux, les monuments. Moi c'est ça, d'autres c'est être dans la nature... comme un maçon, il voit que son machin se monte, ça peut être un plaisir. C'est pour ça qu'il faut faire découvrir aux gens ce qu'ils aiment, ce qu'ils ont envie de faire. Et ça se passe bien. J'emmène cinquante personnes en vacances et je fais partie de ces cinquante personnes. Ben voilà il faut bien un chauffeur, ben c'est moi ! C'est comme aller en boîte, faut bien un qui conduit. On y va on fait la fête, là c'est pareil, je pars en vacances. Oui, ce boulot me donne le brillant aux yeux. *Patrick*

Être pris pour un humain

Le respect : de soi, des autres, de nous

– Je faisais que des boulots à pression. J'ai eu beaucoup de pleurs quand je rentrais chez moi. En usine, faut du rendement et beaucoup plus encadré, je préfère être là. Ici, les gens sont plus à l'écoute, en usine, chacun a sa vie. Je travaillais en intérim, ça n'a rien à voir. En intérim, t'es quoi ? T'es rien, t'es un chien, t'es là-bas pour faire ton travail, t'as jamais un mot sympa. *Nelly*

– On est un peu du bétail au travail, si t'es pas content, y en a d'autres. On nous parle comme à des chiens. On galère déjà assez dans certains boulots, si c'est pour se faire mal parler, voilà, y a des limites. Moi, je ne reste pas, j'essaye pas de rester quand c'est comme ça. Je préfère me mettre dans la merde que de subir des trucs, ça sert à rien, t'es dans la merde déjà et t'es pas bien. Je trouverai autre chose. *Anonyme, 23 ans*

– Moi, les usines que j'ai fait, c'est bourre, bourre et « tais-toi ». Y a tellement de demandeurs d'emplois, que c'est « fais ton travail, sinon retourne chez toi et libère ta place ». Regardez dans les usines de femmes, elles sont tout le temps en train de se critiquer. J'ai vécu ça, c'est dur hein, ça fait des clans, l'horreur. *Lœtitia*

– À l'usine, c'était marche ou crève. C'est un monde de requins. On n'était pas respecté. Ici on l'est. Zaïm nous apprend le métier tout en ayant l'écoute d'un professeur.

« Jamais Zaïm nous criera dessus, on a l'impression d'être humain ! » *Nelly*
(Zaïm, l'encadrante, est au centre du groupe avec un tablier blanc)

Avant, il fallait se débrouiller, ici ça m'a appris à être autonome. Si elle n'est pas là, je peux aller sur autre chose au lieu de l'attendre sans rien faire. Ici, on est très entouré. Zaïm est plus patiente qu'un chef normal. À l'usine, vu que j'y allais que pour le salaire, ben voilà je me foulais pas tandis que là c'est naturel, je prends des initiatives. *Nelly*

– Le monde du travail, c'est vraiment un endroit où il faut pas se faire bouffer. C'est quand même 80% de son temps, où il faut prouver qu'on est là et se faire respecter. C'est des requins, celui qui est trop gentil se fera bouffer toute sa vie.
Si on me fait une critique qui sert à rien, qui me rabaisse, « ouais c'est pourri, t'es qu'un moins que rien », je vais peut-être m'énerver. Ça va partir en cacahuète mais si c'est une critique constructive, « ouais, c'est mal fait parce que tu as fait comme ça, parce que ça agit mieux comme ça », là d'accord. Là c'est normal, il ne va pas me laisser faire un truc mal. *Anonyme, 24 ans*

– Dans l'équipe, le point de départ c'est la sécurité. On est obligé de respecter l'autre. On travaille avec des machines, c'est dangereux. On fait faire attention à soi et aux autres. Un exemple. Si la personne est en train de scier une planche et que tu te préoccupes pas de lui et que tu prends l'espace vital de l'autre. Tu vas aller tenir sa planche pour pas qu'il soit embêter. C'est prévoir, anticiper, arrêter ce qu'on fait pour aider l'autre. Même s'il ne te l'a pas demandé. C'est réflexe. C'est plein de petits signes d'attention. Prendre le sac du repas de l'autre, tenir la porte et ne pas la refermer automatiquement, préparer le café, ouvrir le local (les volets, les portes d'ici et des bungalows), ranger les casques des autres, mettre les machines de tout le monde dans le camion, prendre les gants... y a pas de règlements, tu le fais de toi-même si vraiment tu arrives à te remettre dans la collectivité.
Oui, c'est petit, des grains de sable, mais c'est beaucoup. Ça conforte le respect. Celui qui ne sait pas, alors il faut le conduire, sans le commander, sans lui dire mais qu'il remarque que... Les personnes en difficulté, il faut les aider à remonter dans le bateau. C'est pas facile... lui expliquer comment qu'on tient les rames ! À droite le respect, à gauche la confiance. On coule pas grâce aux rames ! Ici, on te donne des rames ! On te met dans une barque, à condition d'avoir les deux rames, avec une seule, tu tournes en rond. Olivier, il ne dit pas tout

ça, c'est à toi de le gamberger, il emploie ses termes à lui qui te font comprendre que... Il n'arrête pas de parler de sécurité, sécurité, tout le temps... c'est son maître mot... Quand tu arrives à comprendre les règles de la sécurité, tu vas loin. *Philippe*

– Je jette moins sur les gens, avant j'avais des petites phrases qui faisaient mal. J'ai vu là, je me suis calmé sur ça. Je disais des phrases, même moi, je ne m'en rendais pas compte parce que je parlais tout le temps comme ça et je voyais les gens vexés ou qui repartaient directement. Depuis que suis là, je suis apaisé et je vais plus vers les gens. L'environnement ça joue. Là, je travaille dans la nature. Avant, je mettais mes paquets de cigarette par terre, maintenant, je fais attention, je ne jette pas trop de papiers par terre et tout ça. Ah oui, quand j'étais sur la région parisienne, j'y allais et tout, les paquets, que là, c'est le respect de la nature. Si je revenais sur Paris, je crois que les mauvaises habitudes reviendraient. Il faudrait que je trouve un travail qui est avec la nature. Franchement avant, je ne voyais pas les conséquences que ça avait, tant que je suis ici, je fais attention... *Jérôme*

– On n'est pas des saints, on apprend ça, le respect de la nature, des animaux. Au zoo, on respecte les animaux, dans la vie, on doit respecter les voisins. Il est comme il est, on doit le respecter comme il est. Ah oui, j'étais pas trop respectueux de tout ça. Je vivais ma petite vie et les autres, je les emmerde. Là, je m'aperçois qu'il faut que je fasse des efforts ; ici ils ont des défauts, mais on voit derrière qu'ils sont peut-être sensibles, que c'est comme une carapace. Un manque d'éducation, on est comme on a été élevé. J'ai mon jugement mais je discute quand même et tout en discutant, on s'aperçoit que son jugement est complètement idiot. Discuter apprend à connaître les gens, se mettre dans leur peau. Je m'intègre comme ça. Le groupe a un effet positif. Ça apprend à accepter l'autre comme il est. « Allez hop, tu avances en même temps que moi ». C'est le respect de l'autre, si tu ne veux pas te respecter toi-même, respecte au moins les autres... En prenant le respect de l'autre, on arrive à prendre le respect de soi. *Patrick*

– L'encadrant nous prend pour une personne... c'est dans sa façon d'agir avec nous, on plaisante, il le fait du moment que le travail est fait. *Florence*

– Ici c'est différent parce qu'on nous prend en compte. Dans un autre travail, on nous demande de faire le boulot, d'être rentable. Ici, on est pris en compte comme personne. Dans un travail traditionnel, on est vu comme quelqu'un qui est sensé travailler, une somme de responsabilités, de tâches, de rendement, on cherche pas à connaître la personne.
Sur un CV, on ne regarde pas l'individu, juste ses compétences, ce qu'il sait faire. Or, la personne est capable d'apprendre. Si la personne est droite, réglo, elle le sera sur son travail, y a toute une confiance qui va s'établir. Or, le patron ne voit pas ça, personne se décrit dans un CV, même dans une lettre de motivation, on met ce que l'employeur a envie d'entendre. Faut prendre un individu dans sa globalité, arrêter l'hypocrisie, le travail c'est de l'hypocrisie constante. Sur un CV, il faut dire qu'on a 36000 qualités etc. Les gens ne peuvent pas qu'être les qualités parfaites pour tel type de poste, ça n'existe pas, mais c'est ce qu'on dit parce c'est qu'on veut entendre. Quand je dis replacer l'humain, ça regroupe tout et ça part de l'éducation, la formation, l'orientation et jusqu'à la fin, la retraite. On fabrique des résignés, des personnes qui ont vraiment des tas de qualités et qui ne vont pas du tout vers l'endroit où elles pourront exploiter ces qualités-là. Chez qui il n'y a pas de potentiel ? C'est parfois nié en entreprise.
C'est très dur d'obtenir les formations, justifier ceci cela et il faut un truc pour embaucher rapidement, y a une pression. On leur dit pas qu'elles sont capables de ça, on leur met la barre très haute. Le moindre boulot maintenant, faut avoir telles qualités, tels diplômes. Alors on se dit « non, c'est pas pour moi, c'est pas la peine ». Beaucoup sont très résignés et pas que sur le travail, sur la vie, très résignés. Il faut rester éveillé, impliqué vraiment. J'aime le mot « éveillé » ou presque « réveillé » car il implique un côté militant. Parfois, j'ai envie de prendre tout le monde autour de moi et de dire allez « on se réveille là ». Ils se réveillent plein de colère et de haine et ont envie de se venger...
Replacer l'humain au cœur du travail, on est tous des êtres humains, et on n'oublie ça, on voit un salarié, un ouvrier, de la main d'œuvre. Dans ce mot, il y a des « mains » et donc une tête, un être... *Priscilla*

La solidarité

– Y a une bonne entente. Mon collègue m'a fait voir comment poser de la tapisserie. L'encadrant a regardé aussi comment je faisais. On a fait « Les Terrasses », on avait les portes à repeindre. Mon collègue m'a montré et le lendemain, il m'a dit : « Il y a un autre collègue d'arrivé, tiens, je t'ai fait voir hier donc c'est à toi de lui faire. » Je lui ai fait voir... J'ai envie d'aider. C'est de l'entraide. Ça veut aussi dire que je sais faire et que donc je peux montrer. Moi aussi, je peux montrer maintenant car j'ai appris des choses. Je reçois, je redonne. Les flèches vont dans tous les sens ! J'ai vécu ça dans d'autres boulots et aussi à la protection civile. Quand y a un truc que j'y arrive pas, on me fait voir. Quand y a une autre personne qui n'y arrive pas non plus si je le sais, je le fais voir. Moi aussi, je peux donner mes conseils. Mais je trouve que c'est plus fort à la MIPE. On est solidaire sur le chantier. Je dis « moi, je vais faire ça, t'as qu'à m'aider. » ou « si tu veux m'aider, aide-moi. »... On est même solidaire pour l'après chantier. Si quelqu'un trouve du travail, si ça marche pour lui, c'est bien, même s'il trouve dans ma branche. Je me dis pas qu'il m'a piqué un boulot. Non, ça m'encourage ! *Florence*

Le schéma de la solidarité et de l'entraide par Florence. « On donne et on reçoit. »

– Ici, le salaire ne mine pas l'équipe, on n'est pas en concurrence, on est au même échelon, et on grimpera pas ! Quand j'étais OHQ, le truc des OQ1, OQ2 était de dire « je passerai OHQ avant toi. » C'était un poste à responsabilité, un salaire beaucoup plus élevé... Et dans beaucoup de boîtes c'est comme ça. Il peut y avoir une bonne ambiance, mais « moi je sais faire ça, mais je ne te l'expliquerai pas parce que sinon tu vas passer devant moi. » Ici, on est là, on s'en fout... Le travail ne changera pas et on a tous le même, donc on ne se bouffera pas pour ça. On n'a pas l'esprit à la concurrence. Ce n'est pas « moi suis mieux que toi, alors je vais rester mieux, pour être devant toi. » *Patrick*

– J'ai cinquante-quatre ans, alors aux jeunes, moi je leur apprends, je leur explique mes astuces. Avant c'était personnel, j'aurais rien dit, c'était la démerde totale. J'ai beaucoup travaillé avec les vieux, ils m'ont beaucoup appris. Aujourd'hui c'est mon tour. C'est normal, je transmets. On s'entraide entre nous, on se file des coups de main. *Joël*

– Y a un échange vraiment. Je suis arrivé, je connaissais rien. Ce que j'ai apprécié aussi, c'est que même si j'y connaissais rien, on me demandait quand même mon avis, « tu crois que c'est bien ce qu'on fait ? », même si au début je répondais, « moi j'y connais rien, vous faites ce que vous voulez ». Aujourd'hui, je dis « il a raison ou on ferait mieux de faire comme ça. » T'es plus considéré comme un salarié, mais comme quelqu'un qui fait vraiment partie du chantier. Ils demandent si on va bien, si on a un problème, on peut lui en parler, y a une partie d'éducateur. On n'est pas des salariés normaux, chaque cas est différent, ils ont envie de les aider pour qu'ils s'en sortent dans leur vie. On est des humains, pas des machines. Et entre nous, il n'y a pas de concurrence, il y a de l'entraide. Chacun donne son avis et on échange. On veut pas tous aller en peinture. Si quelqu'un trouve, tant mieux pour lui. On en parle entre nous, comment il a fait pour avoir ceci cela. C'est dur pour tout le monde.
Anonyme, 23 ans

« On est tous dans la même galère.
On s'attache entre nous. » *Anonyme, 23 ans*

– Suis dans le tas, à la même place que les autres, à aider les autres. Les autres, je les appelle par leur prénom, ce sont des collègues, certains sont des amis. Cette impression-là, je ne l'avais pas du tout aux pommes. Quand je suis arrivé, on ne sait pas trop se servir du matériel, les anciens d'ici m'ont montré le travail, m'ont fait visité. Alors, oui, moi je refais pratiquement la même chose. Je me mets un peu à la place du nouveau. On s'aide l'un à l'autre. On veille l'un sur l'autre. Un groupe qui s'entend bien qui se respecte. Et on est tous dans la même galère. Y a des plus jeunes que moi d'dans et j'espère pour eux qu'ils vont réussir à s'en sortir. *Charley*

– On peut travailler chacun à son rythme, le temps qu'ils apprennent, c'est long pour celui qui commence juste. Mais ça c'est pas trop grave, moi je vais le rejoindre et l'aider. Faut que toute l'équipe ait l'esprit d'équipe. Si y en a un qui est à côté de ses pompes, c'est sûr qu'il y a aura des problèmes. Oui, entraide, je me recale par rapport à l'autre. Je me mets à son rythme, pas au mien. Je ne suis pas loin, loin devant. *Bruno*

– On est très solidaire... ça fait du bien d'avoir des gens autour de soi qui vous comprennent et vous écoutent. Ça fait du bien de se sentir soutenu. Les filles me disent « faut que tu gardes le moral », elles me le disent tout le temps. *Nelly*

– Personnellement, je veux pas prendre le mal des autres, sinon je vais aller mal. Suis une nature à vite plonger alors... Je me préserve. Je suis encore fragile. Pour aider l'autre, faut déjà être fort... *Lætitia*

– On est un groupe alors on veille l'un sur l'autre. C'est vrai, on est tous concernés par l'accident qui peut arriver. Le danger, prendre soin des autres, ça nous soude. Ici, moi je suis pleine de vie. *Florence*

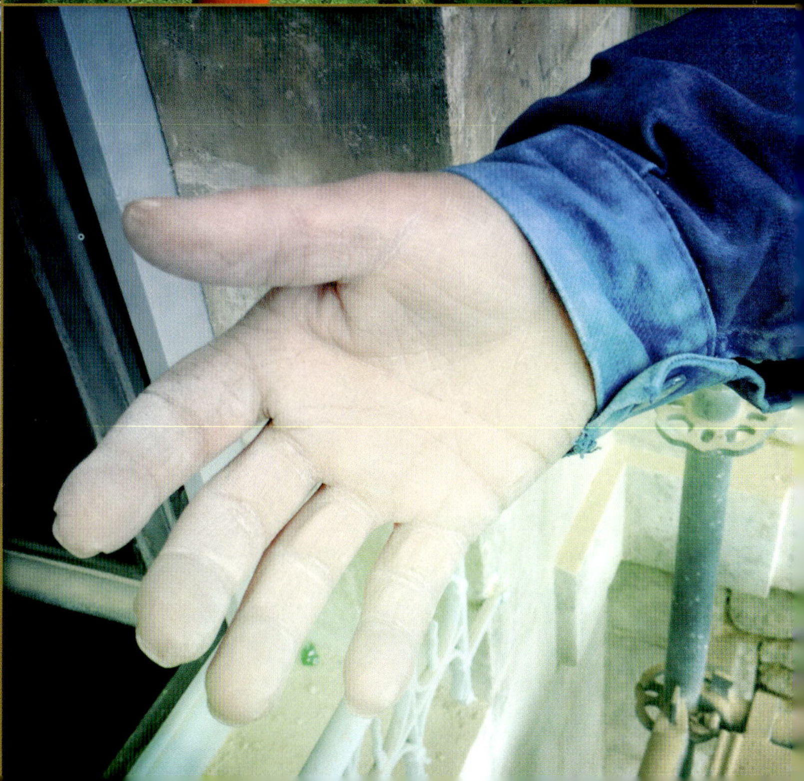

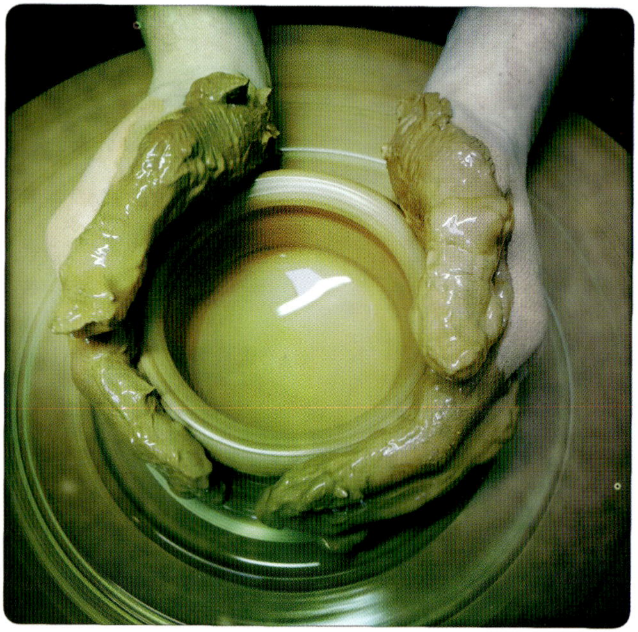

Qu'est-ce qu'on veut ? Juste travailler ?

La notion du métier

La différence entre un travail et un métier

– Un métier, déjà c'est avoir été à l'école pour apprendre, un métier qu'on a voulu qu'on a choisi. Donc, il y a la case école, après l'apprentissage sur le tas, y a jamais trop d'heures pour ça on va dire ! Faut de la théorie aussi, oui, mais moi je me vois pas sur un banc d'école en fait. Je m'y suis jamais vu. J'ai jamais aimé l'école.... voilà aujourd'hui quand j'y repense c'est une perte de temps. Y a d'autres moyens pour apprendre que d'aller à l'école... L'apprentissage, c'est bien... L'école de la vie, c'est la plus grande école ça. Le compagnonnage, ça m'aurait plu ça. Être avec des personnes différentes, qui font les mêmes choses mais différemment... c'est comme un morceau de bois, un puzzle en fait, ils les assemblent mais différemment. Un métier, c'est beaucoup de pratique, d'expérience de terrain. De la maîtrise en fait ! *Philippe*

– À chantier Méca, je dirais que j'ai juste un boulot parce que pour moi un métier, c'est plus spécialisé dans telle ou telle marque, on s'y connaît direct. Les mécanos ont passé des formations pour chaque option, pièce... Ils connaissent bien leur métier... Un métier c'est plus spécialisé. *Madi*

– J'ai fait mon CAP Agricole pour en faire mon métier. Mais les études ça ne suffit pas. On apprend toujours. Un métier, c'est travailler dans ce qu'on aime. *Charley*

– Pour moi avoir un métier en main, c'est déjà par rapport à tous mes diplômes et c'est quand tu travailles dans ce que tu aimes. Un travail, t'en as besoin pour vivre et le métier c'est ce que t'aimes. Tu travailles, tu vis avec ce que tu aimes. Elle est là la différence. C'est peut-être notre génération qui est comme ça, je sais pas. C'est parce que maintenant c'est tellement, c'est tellement rare de faire un métier qu'on aime. Le travail c'est la base, c'est pour vivre quoi, faut être logique, c'est une façon de vivre. *Nelly*

– Le boulot, on en a trouvé un, on le prend. Le boulot c'est pour gagner sa vie. Le métier c'est ce qu'on a choisi. Tous mes boulots, ça a été la recherche du boulot-plaisir. Le travail idéal ? Qu'on a choisi, qu'on a envie de faire, qu'on n'a pas envie de quitter, on regarde pas l'heure, il pourrait durer 24 heures. C'est un travail où on est bien, où on s'y sent bien. Même s'il n'y a pas de week-end, ça ne dérange pas.
Mon métier ça aurait pu être la « ligne », mais c'est pas un métier, je pense que je changerai d'avis quand je conduirai les cars, car c'est le métier que j'ai toujours voulu faire. Dès que je vais avoir un car entre les mains, je pense que là j'aurai un métier. Parfois, on fait des trucs parce qu'on a été forcé ou bon voilà on a un travail. Mais ça peut être un mauvais choix, « chouette, j'ai un boulot, je le garde ». C'est vivre une vie de merde. Moi, si je dois vivre une vie que j'ai pas envie de vivre, je vois pas l'utilité de vivre en fait. C'est comme si on vous dit : « Tiens, vous allez vous marier avec cette femme ! » Ben, j'ai pas du tout envie, je ne vais pas

vivre toute ma vie avec. Le boulot c'est pareil. Si c'est pour faire comme les autres, t'as ta maison, ton boulot, ta voiture, moi je dis non. *Patrick*

– Quand on a un métier qu'on aime, malgré qu'on a pas envie de se lever, on y va quand même, sinon j'aurais appelé le médecin... Y a pas grand monde qui a envie de se lever à 7 heures ! Le jour où j'aimerais plus mon boulot, ça sera « oh allez j'ai pas envie, je dors ». *Anonyme de 24 ans*

L'amour de son métier

– Chauffeur de car : c'est un rêve de tout petit. Quand on était petit, on prenait le car, je voyais le chauffeur comme quelqu'un qui conduit une fusée, ouah, c'était incroyable, ça m'est tout le temps resté. Je l'ai vu quand j'ai passé le permis, un rêve de tout petit gamin, mais en plus je suis passionné quoi. Quand je passais le permis, c'était un jeu, quand je passais entre les quilles, je passais au plus près et tout. Le formateur me disait que j'étais sur ma Playstation ! Le jour où je l'ai passé, il ne s'inquiétait pas du tout. Si je trouve un boulot dans les cars, je serai obligé de faire des trucs d'école et tout ça, mais après je ferai du grand tourisme. Donc, moi après soixante-dix ans si je peux encore conduire, je m'en fous après...
J'ai déjà tous mes points retraite, mais même après l'âge légal, je continuerai. Oui, je m'en fous de la retraite, je veux faire des grands voyages. Faire l'étranger.
Le car a la valeur de l'enfance, ou une autre, je donne, je partage, c'est beaucoup déjà. Rien que d'avoir le sourire, comme à Lourdes, je parle souvent de ça, car j'adore. C'est gratifiant, ils ont une mine triste et puis on les fait rire, sourire.
Ah oui, je veux faire du grand tourisme, les cars c'est un truc... c'est voyager, avoir le contact avec les clients, la convivialité c'est aussi beaucoup. On est payé pour faire des voyages qu'on pourrait pas faire, faire quelque chose qu'on aime. Moi la conduite, j'adore.
Oui, c'est un vieux rêve... *Patrick*

– J'ai toujours été maçon. J'ai toujours aimé ça, leur façon de travailler, de faire les joints tout ça, moi ça m'a plu. J'ai dit à mon père « c'est ça que je veux faire ». À seize ans, j'ai arrêté l'école et mon père m'a embauché comme manœuvre dans l'entreprise. Il était chauffeur routier dans le bâtiment. J'ai été manœuvre cinq ans pour apprendre. J'ai appris sur le tas aussi puis j'ai maçonné la brique, ça me plaisait. Quand je m'en vais travailler le matin, j'y vais avec le plaisir. Ah oui, la maçonnerie, j'adore ça, j'aime bien les trucs compliqués. Combien de fois on a fait une façade, un truc tout « évinché », une corniche, j'ai tout refait comme il faut, bien propre. J'aime les choses compliquées et minutieuses. On est toujours à l'air, ça me plairait pas l'usine, je préfère être dehors, même s'il fait froid. Gamin, c'était vraiment un métier que je voulais apprendre. C'est tout un ensemble, que ça soit bien fait, quand on finit une maison, on est content, on est satisfait de son travail. On refait un bâtiment, on remet à neuf, un petit coup de jeune, devient plus belle, plus neuf. On passe d'une maison toute en épave à une maison toute neuve. Oui, ah oui, c'est vrai je suis fier. J'aurais pas fait autre chose, j'ai toujours voulu être maçon... comment vous dire ça... c'est un métier en or ! Un bon métier, un vrai ! Quand on sait tout faire, voilà, ça va tout seul... On dit que je ressemble à un maçon. J'ai toujours mon petit bonnet, sur les chantiers, même pour faire mes courses, l'été, une casquette... j'ai des crevasses aux mains, c'est le ciment, la chaux et tout le temps à manier la truelle... et le bronzage, vu que je travaille dehors. *Il rit.* Jojo

« Quand j'étais jeune, à quatorze ans, mon père a fait faire une véranda par des maçons et quand j'ai vu qu'ils montaient les parpaings, j'aimais déjà le métier. » *Joël*

Trouver sa voie

Tracer une direction malgré tout

– C'est surtout qu'on sait pas si un jour on trouvera sa voie. C'est peut-être simplement qu'on est pas fan du travail. *Il rit.* On le fait pas obligation et puis voilà. Je me suis dit que je voulais faire aide-soignant quand c'est arrivé... ce que tu vis peut t'aider à trouver ta voie, y a des chocs qui font que... L'expérience avec mon père me guide vers aide-soignant, mais je ne sais pas si vraiment ça me plaira ou alors je ferai qu'un temps. Y a plusieurs chemins pour trouver sa voie. Certains vont trouver par rapport à une expérience de vie, ou sur le terrain. Mais faut le vivre le travail, faut pas se poser de questions. Faut aller voir sur le terrain. Je vais tester, faire des stages pour savoir, le chantier me le permet.

Je pense aussi qu'on peut se lasser d'un métier. Bon... j'ai envie d'essayer, mais j'ai pas envie d'encore me replanter. C'est encore des études, des trucs.

J'ai une sœur qui est dans la partie, pas aide-soignante mais au-dessus. Elle, elle a trouvé sa voie avant un peu tout le monde dans la famille, elle s'est donnée les moyens. Elle me dit de me lancer là-dedans, mais moi je dis je sais pas. Je suis tout le temps dans le flou. Y a des tests qui existent pour savoir où on veut se diriger. Moi ça tombait dans le social, même les tests le disent... *il rit...*

Trouver ce que je veux faire a été toujours ma question. Mais à partir d'un moment, on n'a plus le temps de se la poser. Y a des obligations et y a plus le temps pour la trouver. Les gens changent beaucoup de boulot parce que y a pas de travail dans leur branche. On subit. J'ai toujours été à la recherche du truc que je veux faire. Faut que je me force, on n'a pas le choix, faut travailler, être comme les autres, j'obéis, on dit de faire un truc, je le fais. La société c'est ça, c'est l'esclavage moderne. On te force à faire des trucs que t'as pas envie de faire. On subit une situation. Y a des personnes, c'est jamais ils ont trouvé leur voie. J'en connais, ils font par obligation pour leur famille tout ça, ils gâchent un peu leur vie. Peut-être tu vas trouver ta voie, mais y aura pas de boulot dedans, alors tu seras obligé d'aller ailleurs.

En fait, trouver ma voie c'est pour que le travail soit plus agréable qu'un truc qui me plaît pas. C'est trouver le travail qui va me correspondre. Quand t'as la facilité, t'as plus de plaisir d'aller

« C'est compliqué, même pour faire le ménage, faut des diplômes, faut se relancer et au bout d'un moment, t'en as marre. Y en a qui se lancent jamais parce qu'ils n'ont pas envie de retourner aux études. » *Anonyme, 23 ans*

au travail. Comme j'ai pas trop d'expériences, je sais pas dans quel domaine c'est plus facile pour moi. Je pense que si ça te correspond c'est que c'est facile pour toi. Quand on connaît un peu plus, on se débrouille mieux dans son travail. Pôle Emploi, ils savent pas grand-chose, ils sont débordés, ils servent à rien, surtout dans les Deux-Sèvres, y a pas de travail. Je peux pas partir, ma copine a un CDI, donc m'en aller... non... je dois trouver ici. On va pas s'en aller sans rien. J'ai du boulot ! C'est que le début. Et c'est ce qui est le plus compliqué. Alors si ce n'est pas trouver ma voie grâce au chantier, c'est au moins trouver une solution pour l'avenir.

J'ai quand même pas mal avancé en un an, j'ai pris mon indépendance. J'étais chez ma mère, je suis passé d'un appart' de 25m2 à une maison de 60 m2. J'ai pas d'enfants, j'ai que vingt-trois ans et puis voilà y a des gens qui stressent trop. Et puis y a ma famille qui me soutient, je serai pas à la rue, c'est important de penser ça.... oui, c'est vrai, j'évite de me poser des questions... oui, je camoufle... des fois on me le reproche... oui, il faudra avancer...

Je me dis que ceux qui ont connu la guerre vont y arriver mieux que nous. Ils ont une telle envie de s'en sortir, ils sont pas comme nous à trouver notre voie, eux c'est : « On est content, on travaille. » Y a toujours pire que soi de toute façon. On n'a pas la même vision. Eux, ils auraient pu mourir, tous les obstacles que nous vivons, ça sera rien par rapport à ce qu'ils ont vécu, pfff, nous, on est dans nos questions de voie... Pour nous, c'est important de savoir ce qu'on veut faire dans la vie. Nous, on veut se sentir bien dans un truc qui nous plaît que eux ils vont de toute façon s'épanouir dans tous les métiers. Rien leur fait peur, ils ont vécu la misère, la guerre... Nous c'est l'école, tout ça. On sait pas ce que c'est la vie, eux ils le savent. Bon, pour résumer, je vais où je peux aller... *Anonyme, 23 ans*

– Quand j'ai commencé à travailler, la question c'était trouver un boulot. Je savais pas ce que je voulais faire dans ma vie. Aujourd'hui, c'est défini. Il y a un peu plus de six mois, je suis passé de « je veux trouver un boulot » à « je vais trouver un boulot qui me plaît ». Moi, je cherche un truc pour me mettre à mon compte, je veux pas travailler sous les ordres d'un patron. J'aime pas trop recevoir des ordres. Je ne serai pas salarié toute ma vie ! En fait, je veux être à mon compte et ne plus être salarié, c'est 50-50 dans le choix de ma voie... Aujourd'hui, ma question, c'est trouver ma voie... hm, j'ai bien changé en deux ans. Je sais pas trop ce qui m'a fait changé, la maturité, enfin, j'en sais rien. Le chantier a eu un effet... pas sur moi mais sur mon parcours, ma vision. Au début, je me posais pas trop la question, ça c'est sûr, et puis maintenant, y a pas trop le choix. Ça m'étonne de moi en fait ce parcours ! Ma vie, je l'ai déjà prise en main, je sais ce que je veux faire, j'ai un objectif. Je voudrais être maraîcher. J'ai le plaisir du contact avec la terre. Je dirais pas que c'est une addiction, mais ouais, j'en ai besoin. C'est le plaisir de récolter ce qu'on plante. Ça crée une fierté. *Anonyme, 20 ans*

– Mon truc, c'est le théâtre, c'était mon objectif. C'est pour ça que j'ai du mal à trouver mon projet pro parce que ce qui m'intéresse c'est le côté interprète et créateur. J'écris des chansons, des pièces de théâtre, je suis avec un groupe de musique. Le théâtre, c'est plus mon univers quand même, j'ai plus l'impression que je peux être moi. Et c'est ce que j'aurais voulu faire à la base, mais pour en vivre, c'est autre chose. J'avais fait le conservatoire, même ça j'ai dû arrêter à cause de mes troubles d'anxiété.
Du coup, il y a eu une grosse remise en question de mon projet quand j'étais à la mission locale. Je pense l'avoir trouvé avec l'AMP et il y a des possibilités d'évolution avec une dimension psycho, « éducateur spé ». Je l'avais mis de côté car je n'avais pas confiance en moi. Oui, aujourd'hui, j'ai envie de voir et de rencontrer différents publics. Ça éveille ma curiosité, mon intérêt. J'ai envie d'aller voir.... je ressors avec le sentiment d'un truc accompli, d'un truc intéressant fait dans la journée. J'aurai envie d'y retourner le lendemain. Mais mon travail rêvé... comédienne, chanteuse, artiste interprète. On sait pas, je peux rencontrer des réalisateurs. Ça m'est déjà arrivé, une rencontre au hasard dans le train, mais je l'ai pas appelé... Sur quatre auditions, j'ai été prise sur trois mais je tenais pas le

choc. Avec le théâtre, je n'ai jamais eu de refus. J'ai dû abandonner à cause de moi, donc je regrette pas car je me dis que c'est encore possible, là je suis plus prête. Bon, j'ai pas arrêté la scène complètement, je suis dans un groupe Rock Punk. On a la possibilité d'être labellisé.
S'il y a des opportunités, c'est que je suis faite pour ça, mais je ne dois pas les laisser passer. Et le chantier en me permettant de récupérer des horaires, une confiance en moi... ne m'éloigne pas du théâtre, au contraire ça m'a jamais autant rapprochée. Maintenant, je dis pas je fais le chantier pour être comédienne, ça n'aurait pas de sens, mais je mets en place un plan B. Donc mets ton plan B en place, fais tout pour t'en sortir et après tu verras. Oui, j'ai assez pour tenter l'artistique, pas d'enfants, pas de famille même si là, en ce moment je suis concentrée sur le court terme. *Priscilla*

– Ma maladie par rapport à mon choix de métier, oui c'est un très gros frein parce que je voulais faire employée de libre service, de la mise en rayon, tout ça... Alors je suis repartie dans le secrétariat. Je l'ai choisi par rapport à mes problèmes de santé, je dois rester assise pendant la journée. Depuis que je suis au chantier de Rigné, j'ai eu le courage d'aller passer mon concours, j'étais réticente, j'avais peur, mais là j'y suis allée, au moins je l'ai fait, même si je l'obtiens pas. Et puis mon stage à la ville de Thouars m'a bien réconfortée. En fait, plus ça va, plus je me sens faite pour ce métier, je suis rassurée dans mes choix. J'ai l'impression d'avoir trouvé ma voie. *Nelly*

– Ma maladie fait que je ne peux pas faire ce que je veux. Maintenant je sais que carrossier peintre, contrôleur technique, c'est trop physique pour moi. j'irai plutôt vers des métiers de l'électrotechnique, en garage ou en usine. Faut être très large, je prendrai le premier métier qui me viendra, là où il y aura de la place. Pas forcément quelque chose que j'aimerais faire, faut de l'argent. Donc pas forcément sur des voitures, y a pas beaucoup d'offres, alors faut ouvrir encore plus. *Jérôme*

Le rôle du mentor

– J'ai fait mon apprentissage dans un petit garage, mon maître d'apprentissage m'expliquait bien, il prenait le temps, il préférait que j'aille plus lentement plutôt que d'aller vite et de faire des conneries. Si j'aurais pu rester en apprentissage, je serais resté, mais il ne prenait qu'en apprentissage. Il avait ses gars déjà, il embauchait pas, mais si j'aurais pu, j'y serais resté, j'étais bien là-bas.

Après, au garage, le patron a cassé le travail, tout ce que j'avais appris, il m'a dit de le faire dans un autre sens et, en plus, il était jamais à l'atelier, lui, il voyait les sous qui rentraient, la boîte qui tournait. On peut pas aller plus vite que la peinture. Si on avait cinq voitures dans la journée et qu'on arrivait à les faire, si y en avait une 6e qui arrivait, il la faisait passer... déjà cinq c'était limite, le temps de les préparer, de démonter les pièces qu'il fallait, de les réparer, de les envoyer en peinture, ça se faisait pas comme ça. Il ne faisait que de gueuler du matin au soir, que ça avançait pas.

Quand je suis arrivé au chantier de Chizé, je savais pas quoi faire, je savais pas où mettre les pieds. Francis m'a encadré, il m'a montré, aussitôt j'ai pris confiance en moi. Francis m'a mis en confiance : comment il explique, comment il est avec nous... « Tu es comme un père pour nous » je lui dis en rigolant. Il nous oriente, nous dit comment faire, on est guidé dans le travail.

Mon maître d'apprentissage et Francis m'ont bien appris. Ils sont au même niveau et l'autre carrément en dessous. Ces deux personnes-là m'ont bien aidé. Ma voie était la carrosserie, mais à être ici en pleine nature, au milieu des animaux, que je suis bien, maintenant ma voie serait plus vers là. On touche à tout, c'est un zoo... parce que la carrosserie, ça va un moment, on fait tout le temps la même chose, réparer, changer les pièces. À choisir entre un garage et ici, j'hésite pas... les animaux ça compte. J'envoie toujours des CV dans les garages, mais je préférerais être là maintenant... Une autre possibilité mais bien un changement de voie si je venais là. *Dimitri*

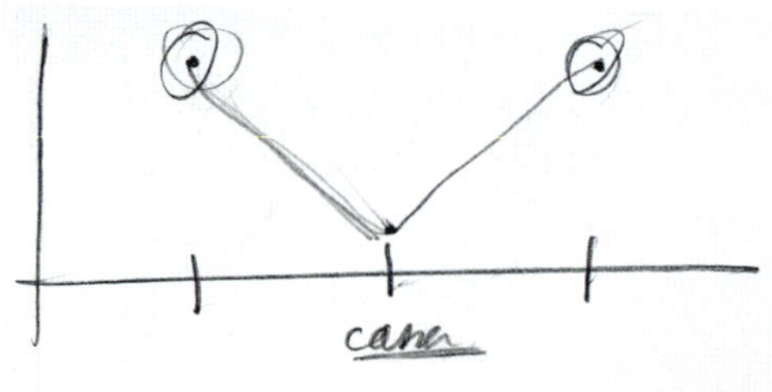

« Mon maître d'apprentissage (1er point) et Francis (2e point) m'ont bien appris. Au garage, le patron a tout cassé. » *Dimitri*

– Ici, c'est la révélation de l'année. Suis arrivé pour l'hiver mais c'est pas grave, on est bien équipé, c'est fourni par le conseil général. Je ne suis pas fait pour travail entre quatre murs. Je suis bien à travailler pour la nature. J'ai trouvé ma vocation. C'est fort. Je suis plus motivé à faire le travail. Qu'est-ce qui me motive ? : ce que je fais, la nature. Quand les gens vont lire le livre, ils vont se demander s'ils sont bien faits pour ce métier ou pour un autre.
Quand je suis au travail et dehors, je pense à la nature, j'aime bien la nature. Avant je travaillais dans les entrepôts, c'était lassant, ça m'énervait, c'est pour ça, j'ai changé de voie. J'essaye de trouver un travail qui est dans la nature, c'est plus agréable, même quand il pleut.

À ce moment de l'entretien, le soleil se lève et illumine un des bâtiments extérieurs.

C'est pour ça que c'est bien, on voit les changements de temps. C'est beau ! Pareil quand c'est des couchers de soleil, c'est merveilleux. Pour moi, c'est du plaisir. C'est de la joie ! La nature me donne du plaisir, et ben moi je lui donne du plaisir en nettoyant ce qu'il y a à nettoyer, enlever les branches qui sont tombées.
C'est une révélation : je dois encore avoir des trucs à montrer. Aussi des choses positives cachées ? *Il rit.* Au fil du temps, je vais peut-être le découvrir. Je suis entre les deux, entre cacher et révéler. *Anonyme, 30 ans*

– Je disais à mon oncle, « un jour je ferai de la mécanique » et j'ai réussi. Quand mon oncle m'appelle pour faire de la mécanique, pas de problème, j'arrive. C'est lui qui m'a appris des trucs, depuis mes douze ans, c'est grâce à lui tout ça. J'étais toujours chez lui. Il m'a donné envie, le goût d'apprendre. Moi, j'ai donné le poulet et lui il m'a donné les épices, les tomates, les oignons, l'ail... tous les ingrédients qu'il fallait pour faire un bon truc, pour donner du goût. Mon oncle : c'est la moitié que j'oublierai pas ! *Il sourit.* Je pensais pas que j'allais dire tout ça là ! *Maxime*

– J'étais souvent en conflit avec mon père mais j'ai toujours vu sa façon de travailler. Je voyais comment il commençait, où il finissait. Ça m'est resté, la réflexion me vient souvent que j'ai l'œil de mon père. Je commence souvent par « mon père était peintre ». *Alex*

Une quête d'identité

– À vingt-et-un ans, on ne se connaît pas encore, c'est normal je suppose. Mon projet pro m'aide à savoir qui je suis. Comme je voudrais travailler avec des personnes handicapées, ça veut dire que j'aime aider. C'est un travail sur soi, on se connaît jamais bien, jamais à 100%. *Magali*

– C'est un effort de mieux se connaître, ah oui, y a du boulot. On me le dit « travaille sur toi-même. » Je sais pas faire. À cause de ma négativité, je peux pas... mais je vais bien y arriver... *Lœtitia*

– En maison de désintoxication, on nous filmait. On te montre qui tu es. J'ai tendance à m'adapter à tout le monde. Mais pour être bien dans sa tête, il faut se montrer tel qu'on est, pas de faux-semblants comme dans la drogue, pas toujours suivre les autres. Quand on pense à quelque chose, le dire. Quand on n'est pas d'accord, le dire. On joue un rôle au travail, j'ai cette impression-là. Y a des gens qui vont dans le sens qui les arrange. Si le chef dit une chose, ils vont le faire avec le chef, ils vont être comme ça et avec nous, autrement. Ils jouent leur jeu, ça fout le bazar dans une équipe. *Alex*

– Peu de personne sont les mêmes dans la vie et au travail. C'est mieux mais c'est pas évident. Beaucoup jouent un rôle. On s'adapte à ce que les autres attendent de soi, surtout l'employeur, les collègues, l'environnement du travail. Certains arrivent à rester le même et c'est mieux de ne pas se dédoubler, faut une énorme part de confiance en soi, faut s'assumer pleinement. J'aimerais y arriver. *Priscilla*

– Ce qu'on fait dans sa vie privée, je pense a un rapport avec sa vie pro. Se réveiller le matin avec un objectif et revenir le soir avec la satisfaction de l'avoir fait. Dans la vie pour moi, c'est la même chose, tu as ta fille à tes côtés quand tu te réveilles, bon tu fais la toilette, la changer. Tu as un enfant, tu t'en occupes. Le travail, tu en as un, tu t'en occupes. C'est pas les autres qui vont faire à ta place. Les deux se joignent, il n'y a pas de dissociation. Je l'ai déjà ressenti.

Quand j'ai mal fait mon travail, je bourde à la maison. Quand je suis fâché avec la compagne, je suis pas bien au travail. *Alex*

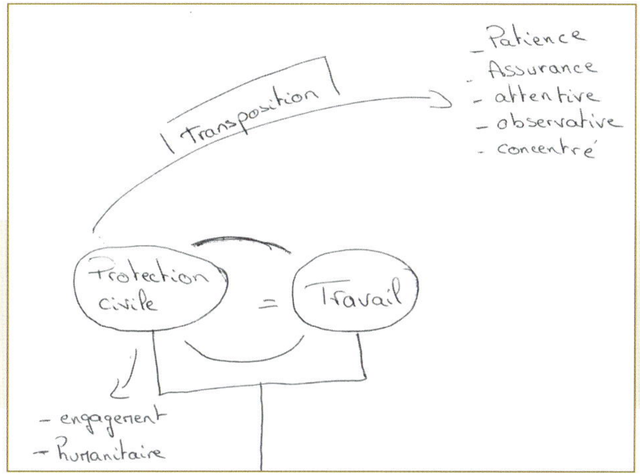

L'équilibre entre la vie privée et au travail
par Florence

– Au travail, je suis comme dans la vie, comme à la protection civile. Je suis attentive. Sur les postes, on est toujours à regarder. C'est beaucoup d'observation. Au travail, je pense au danger, aux règles, je suis vigilante, j'anticipe, je protège. En fait, plus je suis la même entre « Protection civile » et « Travail », mieux je me sens, plus j'ai confiance en moi. *Florence*

– J'aime bien les sports d'équipe, collectif, du foot, tennis. Dans le sport ou au garage, c'est la même chose, je travaille collectif. Je suis comme ça. C'est rattaché, quand quelqu'un fait un travail, aller le voir pendant qu'une pièce arrive. Moi je pense que ça se rattache au sport. Je le fais, j'aime bien, c'est naturel, même si c'est pour tenir la pile, pour pas qu'il soit tout seul dans son coin qu'il s'énerve tout seul. *Jérôme*

– Comme dans le sport, il faut savoir se placer, avoir les bons gestes. Moi, je suis meneur, je fais jouer les autres. Je vois comment ils se placent et bougent. Au garage, il y avait un stagiaire. Il ne bougeait pas, les bras croisés, il ne savait pas quoi faire. Ça m'aurait cassé la tête, tout le monde bosse... Plus on est à l'aise, plus on va vite, on fait des lignes droites, on va sur son objectif, y a pas de virages... *Madi*

– Ce que je sais faire dans la vie de tous les jours, je le transpose dans le travail. Les jeux vidéos m'ont obligé à avoir des méthodes. Suis un gros joueur et à force de jouer, j'ai développé des méthodes très simples. C'est comme un film, dans les grosses productions américaines, y a la début, la galère et la « happy end ». Dans tous les jeux, c'est à peu près pareil, y a la fin, et à 30%, le moment difficile. Jusqu'à 35, 40% c'est difficile. Chaque petit problème du jeu, vous le mettez à votre avantage. Y a des endroits des jeux où vous ne pouvez pas y aller, mais vous développez des techniques qui vous permettent d'y aller. On prend le jeu à son propre jeu, il suffit qu'il y ait un petit « bug » et on en profite, tiens je vais me mettre dans ce petit coin-là, personne me voit mais moi je peux tuer tout le monde.

Donc dans le travail, je transpose ça en me disant que y a forcément un moment où ça va être difficile, à monter une pièce... donc je vais utiliser une méthode pour.... Je sais qu'une courroie ben ça se tord, donc du coup, si je m'organise bien, je sais qu'en la tordant, avec tel et tel doigt, toc, je vais pouvoir la poser. C'est vraiment les jeux vidéos qui m'ont permis de développer ça. J'en ai vraiment conscience. Au moment où ça va me soûler, c'est un moment chiant, va falloir que je trouve une technique. *Anonyme, 24 ans*

– L'organisation, c'est un réflexe que j'ai en dehors de la mécanique, en cuisine. Quand je fais à manger, bien j'ai toujours le réflexe de prendre ceci cela et je prépare mes trucs d'abord. C'est comme au boulot, je regarde bien, je me prépare et je fais. Je prends la liste, je regarde, avant de démonter la pièce. C'est une habitude. *Maxime*

– Quand je suis au travail, je suis pas forcément comme chez moi ou en classe, et ça on me le reprochait. Mais en bien. J'avais fait un stage en milieu hospitalier avec des malades d'Alzheimer, ça m'avait plu. La dame n'arrivait pas à cerner ma personnalité, mes profs ne m'ont pas du tout reconnue, « t'étais dans ton monde car ça te plaisait ». J'étais mieux au travail qu'à l'école. J'étais moins dissipée ! Je suis plus moi-même quand je fais ce que je veux, lors du stage par exemple, j'étais bien. Oui, j'ai pas besoin de faire attention à mon langage ou à mon comportement car en fait c'est automatique... Avant, je faisais les tâches demandées, au melon par exemple, alors que là j'avais l'impression de m'investir. Au bout de vingt ans, ça dérangera peut-être, mais pas pour le moment. Ce qui me fait du bien, c'est de donner de moi aux gens en fait, alors du coup je peux être que moi-même en donnant de soi. Si on veut donner de soi, on est obligé d'être bien, d'être soi, sinon on peut pas. C'est naturel pour moi, tout se met en place, c'est automatique.

Je sais ce que je veux faire, mais est-ce que je peux ? Y a que l'avenir qui nous le dira. Je trouve ça normal de donner de soi. Je me sens bien si je donne de mon temps pour aider. Ça embellit notre journée. C'est pas généreux vu que je le fais facilement, avec facilité et naturel. Je me pose pas de questions en fait, ça vient tout seul. *Magali*

« Mon but, c'est de trouver un travail qui me permette d'être moi, de m'exprimer, de donner, d'aider. » *Magali* (aux côtés de Zaïm, l'encadrante)

– Je suis ouvrier. Je sais ce que je suis, ce que je vaux. *Bruno*

– C'est clair, je préfère être ouvrier. Je sais que je ne voudrais pas être patron. Trop de responsabilités. Au garage, j'étais bien à ma place. *Dimitri*

– On peut dire qu'on fait quelque chose, on sait quoi répondre à « tu fais quoi ? ». Tu te donnes une définition à toi-même. J'ai une place par rapport au regard des autres. Je peux dire où je travaille et ce que je fais : je suis ouvrier mécanicien au sein de l'entreprise chantier mécanique. *Jérôme*

– Je me sens mère au foyer et salariée à la fois. Je suis valorisée par mon travail, je me sens plus intégrée, existante. Avant, je répondais « non, je ne travaille pas, je reste à la maison. »
Et j'entendais « tiens, encore une mange assiette ! » Très peu le disent mais beaucoup le pensent, je l'ai ressenti. Avec le travail, je me sens plus citoyenne. Les portes sont ouvertes, elles se referment quand même moins. *Nathalie*

VINGT-CINQ DÉFINITIONS DU MOT « TRAVAIL »

Note de l'auteur

Je leur ai demandé de répondre à cette question:
« Quelle définition donneriez-vous au travail? »

Au lac du Cébron (chantier départemental)

– C'est continuer à apprendre le métier et se perfectionner. On perd si ça fait des années qu'on y a pas touché, alors c'est aussi réapprendre ce qu'on a perdu. Le travail m'intègre dans le monde de la vie. *Bruno*

– C'est un besoin vital. C'est pour moi, c'est aussi pour les autres (ma famille). Il est important pour tout le reste. Il me permet de gagner de l'argent. *Charley*

– Le travail c'est valorisant. *Philippe*

À Zoodyssée (Chizé, chantier départemental)

– Travailler, c'est pour s'en sortir et penser à demain. *Dimitri*

– Savoir faire des choses compliquées, apporter quelque chose. *Lee*

– Le travail, c'est gagner sa vie, c'est mieux que dans sa vie normale parfois. Travailler c'est vivre. On peut pas vivre sans travailler. À moins les rentiers, et encore ils ont peur de tout, sont surprotégés. *Patrick*

À chantier Méca, garage social (Niort)

– C'est un bien mental et physique, les deux. On est heureux dans la tête car on fait quelque chose dans sa vie. *Damien*

– Travailler, c'est gagner sa vie pour survivre. *Jérôme*

– Le travail, c'est être stable en fait. C'est ne plus réfléchir à comment faire tel truc. Avec le travail, tu as un salaire, tu peux avancer. Le travail permet d'avoir des projets. *Madi*

– Un plaisir, découvrir le métier, plus connaître des trucs surtout, confiance en soi. *Maxime*

À La Mipe (Niort)

– Le travail, c'est toujours synonyme de problème. Si tu fais une réhabilitation, c'est qu'il y a eu un problème, un mur trop vieux. Tu vas sur ton mur pour l'embellir. Dans le mot « Travail », il y a plaisir et difficulté. Le travail, c'est transformer. De faire quelque chose ce qu'il n'est pas... Moi aussi, je me transforme moi-même par le travail. *Alex*

– Travailler, c'est gagner sa vie. *Florence*

– Le travail, c'est apprendre. *Joël*

– Le travail, c'est comme un quotidien, on se lève le matin, on est obligé d'aller travailler. C'est une habitude. C'est un rythme pour aller voir plus loin, pour être embauché jusqu'à temps qu'on aura une canne. *Olivier*

À Rigné, « De l'argile à la faïence »

– C'est le bien-être, c'est le + +, un salaire, des connaissances de soi. C'est pas par rapport au travail mais par rapport à la vie, à la vision de la vie. Ça m'a pas ouvert des portes sur telle usine ou telle usine, ça m'a ouvert des portes sur la vie. La porte sur ma vie d'avant, je veux qu'elle se ferme, qu'elle soit une porte à double clef, de sécurité, blindée même, qu'on ne puisse pas la faire exploser ! *Lætitia*

– Travail qui me plaît, donner de soi, la rémunération, on va pas travailler gratuitement. Je vois rien d'autre. *Magali*

– Plaisir, dynamisme, dynamique de groupe, apprentissage, faire de nouvelles connaissances. Le relationnel est très important, il ne faut pas rester tout seul dans sa vie. Beaucoup de satisfaction émane du travail ! *Nathalie*

– Le fait de travailler déjà, ça me permet d'être assez positive dans la vie actuellement... en globalité et d'éviter d'y penser. Un moment plein où je peux faire le vide dan ma tête. *Elle rit.* Les soucis sont dans un coin. *Nelly*

– Le travail est une des œuvres de la vie car je considère que la vie est une œuvre, très réussie, ou ratée. On peut y mettre ce qu'on veut dedans, on souffre pour la réaliser. On peut avoir du plaisir, parfois inspiré, découragé. *Priscilla*

Anonymes

– Le travail permet de vivre, pas grand-chose de plus. Y a pas de travail idéal, chaque boulot a ses inconvénients. Ça sera jamais ma vie le travail, mais ça pourrait être plus agréable, peut-être. *Anonyme, 23 ans*

– Le travail, c'est mon meilleur ennemi. Je t'aime moi non plus. Il me court après, moi je le fuis ! C'est un peu le chat et la souris. Quand il est là, on fait ce qu'il faut. On se cherche. Quand y en a pas, on le cherche ; quand on en a, on est pressé de pas bosser. C'est un peu comme la corrida, allez viens là et non, et hop. C'est pour ça moi j'assume, je veux pas travailler. Quand tu es lundi, tu dis vivement vendredi alors... ben travaille pas alors. Moi je veux pas travailler, je veux faire de la mécanique. J'oublie que c'est un boulot. *Anonyme, 24 ans*

– Le travail aide à révéler quelques trucs cachés en nous. Le travail me permet de m'évader. *Anonyme, 30 ans*

– Dans le mot travail, je mets aussi tout ce qui va autour, mes projets (maison), loisir, mes parents au-dessus car ils m'ont beaucoup aidé. *Anonyme, 31 ans*

– Je considère mon travail comme un moment d'évasion où on arrive à se séparer de ses soucis qu'on a sous le nez quand on est chez soi. Le travail est une échappée, une petite parenthèse. Le mot « Travail » reste tout de même plein de questions : c'est quoi travailler ? Comment travailler ? Pour qui travailler ? Travailler « ? » *Anonyme, 33 ans*

Conclusion
« FINALEMENT, QU'EST-CE QUE VOUS FAITES LÀ ? »

Note de l'auteur

J'ai terminé tous les entretiens par cette question. Voici leur réponse.

Au lac du Cébron (chantier départemental)

– Ah, ben je bosse ! J'me me promène pas hein ! Moi, je bosse ! *Bruno*

– De ne pas rester à rien, faire, de ne pas être à la rue, sans travail... J'évolue ! *Charley*

– Je me retrouve. Je me reconstruis là justement. Pour moi et ma fille Vicky. *Philippe*

À Zoodyssée (Chizé, chantier départemental)

– À mon avis, c'est vis-à-vis que je trouvais rien d'autres. Les patrons demandent tout un tas de papiers, de diplômes, ça motive pas. *Dimitri*

– Je voudrais partir. Ne plus être là. *Lee*

– Je reprends goût au travail. *Patrick*

À chantier Méca, garage social (Niort)

– Je fais de la mécanique pour pouvoir survivre. *Damien*

– Je suis venu grandir. J'ai grandi. Je suis plus vieux à vingt-deux ans que je devrais l'être. *Jérôme*

– J'évolue... hm je peux changer ma réponse ? Vaut mieux mettre être stable, tranquille. Je suis tranquille dans ma tête, j'ai pas de soucis particuliers. *Madi*

– Pour savoir c'est quoi mon métier, progresser un peu. Le travail, c'est tout mon avenir, sans boulot, je vis pas. Sans ça, je crève, je suis comme une fleur, je tombe, sans eau elle, elle est survit pas. Quand tu aimes ton travail, c'est comme une femme, t'as pas envie de la quitter. *Maxime*

À La MIPE (Niort)

– Je suis venu pour me rendre compte par moi-même ce que c'est travailler... je suis venu chercher la définition du mot « Travail ». *Alex*

– Je continue à évoluer. *Florence*

– Je travaille. C'est pour m'occuper, avoir des rencontres... Je suis maçon, ici ! Moi suis un vrai maçon. *Joël*

– On travaille, même si c'est un truc d'insertion. Je suis pas tout seul, c'est « on » travaille. Sans travail, on n'est rien du tout. *Olivier*

À Rigné, « De l'argile à la faïence »

– Ici, ben, je travaille ! C'est la base.... Avant, j'étais dans le noir, c'était pas une vie. Je mange plus, j'ouvre pas mes volets parce que j'ai pas envie de voir le soleil, me parlez plus. Maintenant, je vis ! Je revis ! *Lætitia*

– Je suis là pour aboutir au métier que je veux faire. En venant ici, je construis mon avenir. *Magali*

– J'ai élevé mes enfants, maintenant ils sont grands. Je travaille, en plus de la maison j'ai aussi une place dans la société. *Nathalie*

– Ici, je travaille tout en étant dans un esprit très familial. Je fais de la poterie. J'ai repris un rythme de me lever. J'ai repris confiance en moi, j'ai appris que j'étais une personne patiente, beaucoup sur moi. Ça m'a permis d'être sûre de mon travail que je veux faire, que mon projet était réalisable. *Nelly*

– Je me considère comme une accidentée de la vie parce que j'ai une maladie psychologique qui m'est tombée dessus. Je suis là pour réparer les dégâts et ensuite rebondir. Mais parce que je ne suis pas endormie et résignée : tant pis je m'en fiche, je vais aller faire un chantier d'insertion, je vais réparer mes blessures, je vais remonter la pente et après ça pourra être constructif, faire de mes failles, une force, faire de ce qui m'a rendu la vie difficile quelque chose de constructif. Je veux être apte ! *Priscilla*

Anonymes

– Je travaille ! Qu'est-ce que je fais ici... ? Je m'en sors ! *Anonyme, 20 ans*

– Ce serait de prendre confiance en moi et de me sentir utile. *Anonyme, 23 ans*

– Je récupère de l'expérience, je mets un peu d'argent de côté, je suis comme tout le monde au final... *Anonyme, 24 ans*

– Je cherche un boulot. *Anonyme, 31 ans*

– Finalement, je finis mon contrat... puisque c'est « finalement »... je me prouve à moi-même que j'en étais capable de faire de ramasser des cailloux alors que j'ai d'autres compétences... je n'ai qu'une hâte c'est de partir et faire quelque chose de plus intéressant. *Anonyme, 33 ans*

le niortais
Vouillé
Coulon

Conclusion
GALERIE DE CERCLES

Note de l'auteur

J'ai demandé aux vingt-cinq personnes de se placer dans un cercle figurant soit le monde du travail soit la société. Elles ont répondu avec spontanéïté en m'expliquant leur choix.

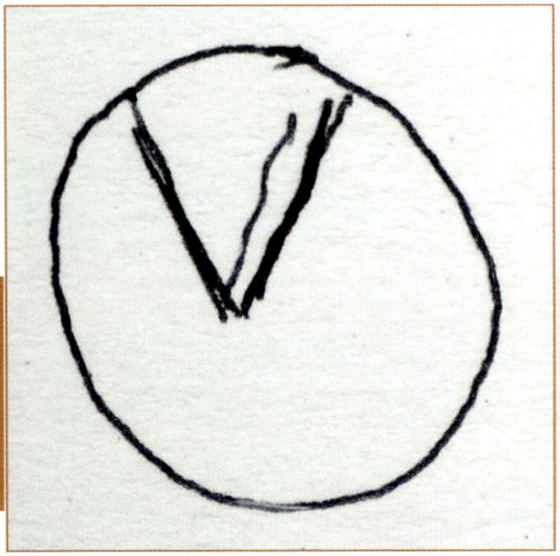
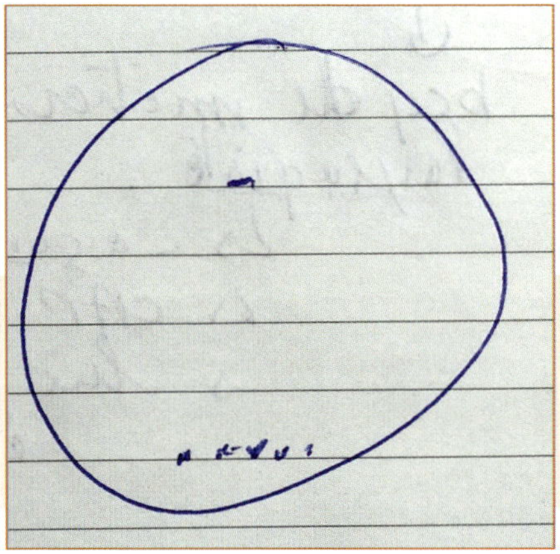
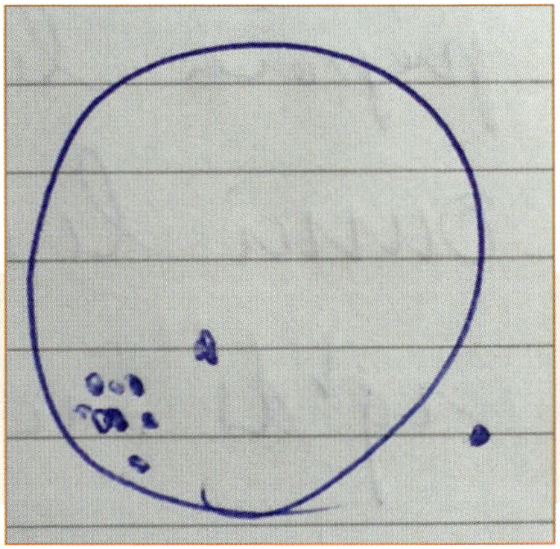

Bruno *Charley* *Philippe*

Le chantier du Cébron

– La part est large, y en a beaucoup qui veulent s'en sortir, des jeunes, des gens. *Bruno*

– Je reste à la même place (que dans le cercle de la société), en bas, avec mes collègues. Le chef d'entreprise est beaucoup plus haut que moi. *Charley*

– Je vais rester à ma place, en bas, à gauche. On est tous en bas de l'échelle, avec mes collègues. Olivier, il est au-dessus de moi. Je fais un point à l'extérieur pour les patrons, présidents... ils sont pas ce qu'on est et nous on n'est pas ce qu'ils sont. *Philippe*

Le chantier de Chizé

– Je me considèrerais au milieu car j'ai pas encore mon boulot fixe, suis pas encore tout en haut, en haut de l'échelle. On y monte pas sans boulot sûr, une marche peut casser. *Dimitri*

– Pas exactement au centre, car c'est un chantier d'insertion, pas un plein temps, 26 heures... je sais pas... *Il rit*... c'est psychologie ça... suis dedans mais où je sais pas... pas extérieur non... *Lee*

– *Il rit*. Ça va être un petit peu le centre du monde ! Je pense que sans moi le monde ne peut pas tourner alors que c'est complètement faux, mais je me sens comme ça, je sais que c'est faux, il a besoin de moi... mais c'est peut-être parce que c'est l'inverse « j'ai besoin du monde pour avancer ! ». Alors je me dis, comme j'ai besoin du monde, le monde a besoin de moi ! On est un grain de sable mais qui fait tourner le monde... Mais bon même si on est plus là, il tournera quand même... *Il rit*... Le rouage au milieu qui fait que ça tourne rond dans le cercle. J'aurais pu me mettre à coté, mais ça tournait plus rond... *Patrick*

Dimitri

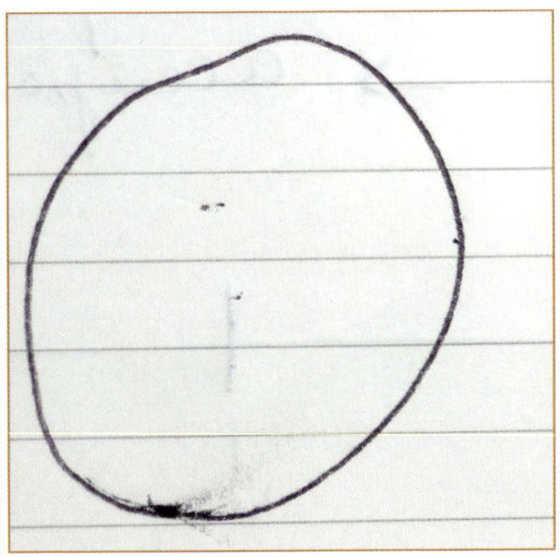
Lee

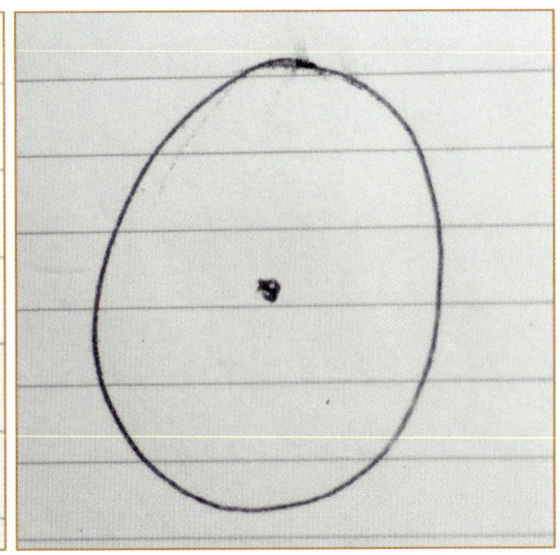
Patrick

Le chantier Méca

– Le monde du travail me fiche la trouille un peu, oui, pas beaucoup, parce t'es pas tout le temps là à trembler : « Est-ce que je vais trouver ? ». Mais quand même... Je me mets là car je ne suis pas vraiment dans le travail, je ne suis pas à l'extérieur non plus. Je voudrais être tout au milieu. *Damien*

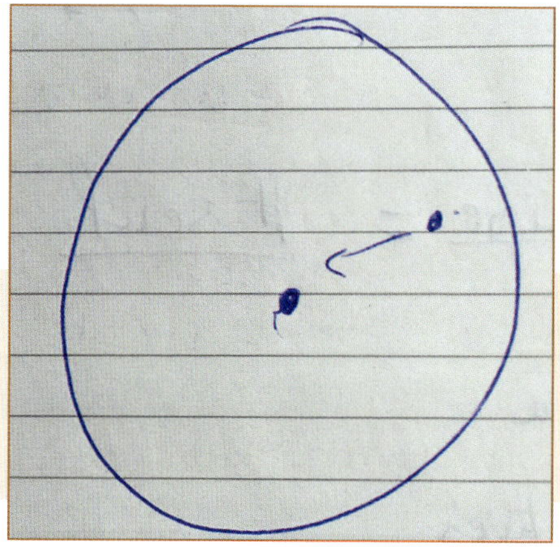

Damien

– Je suis au milieu. Je suis à l'étape au-dessus de quelqu'un qui est encore à l'école ou d'un apprenti. Quand j'aurai un boulot adapté et fixe, je serai en haut. *Jérôme*

– Le rond-point du travail de *Madi* :
Y a plein de sorties, mais y a pas d'issues. Je suis pas dans le monde du travail car je cherche toujours à acquérir des compétences en fait.

– Suis limite, entre les deux, des fois je déprime et puis je reprends mes esprits, et je reviens, et j'ai envie de tout quitter. *Maxime*

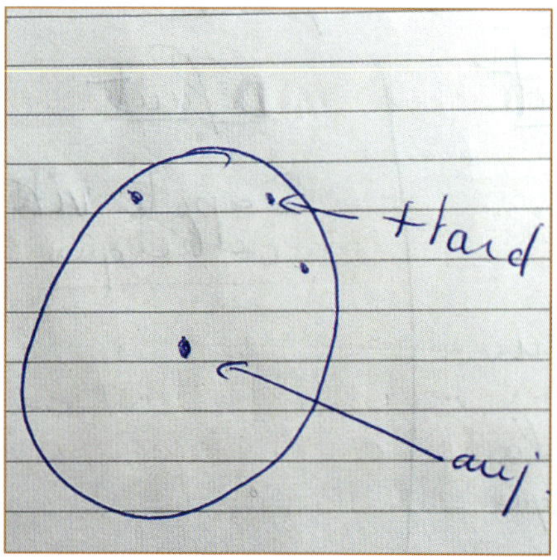

Jérôme

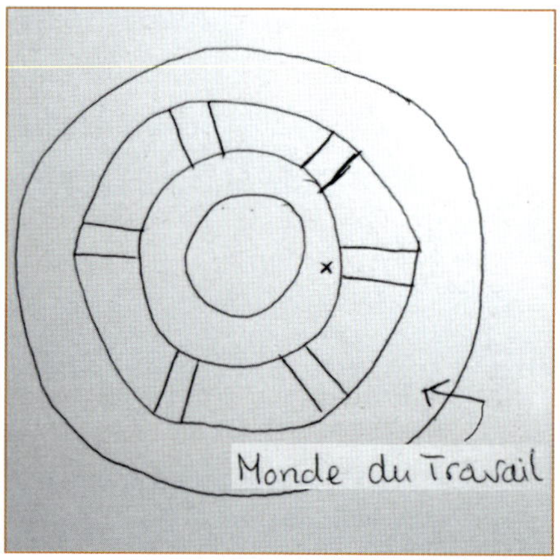

Madi

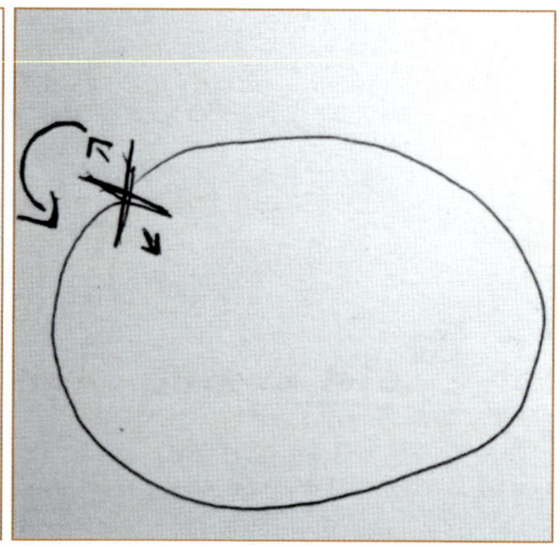

Maxime

La MIPE

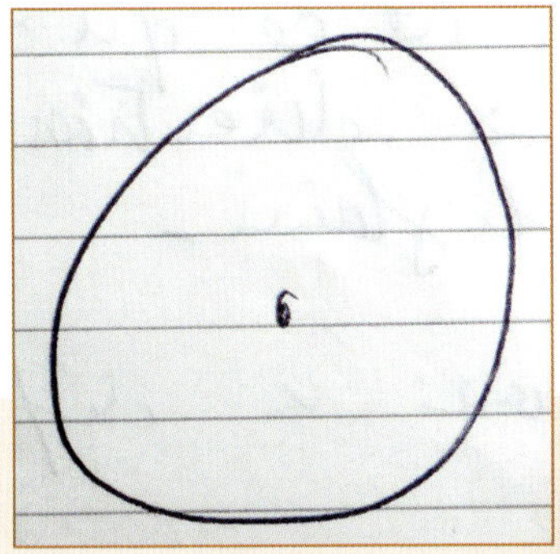

Alex

– Je me mettrais au milieu, je me sens bien au travail. Je sais ce que je dois faire. Je me sens à l'aise. Si j'ai des difficultés, je peux les partager. Suis bien dedans, le milieu ça veut dire ça. *Alex*

– Je suis au milieu. Si j'avais un CDI, aussi, juste je le ferais un peu plus gros. J'ai des repères aussi dans le monde du travail, moins dans la société. Les chômeurs sont à l'extérieur du cercle. *Florence*

– Bon, je me mets dans le centre, moi je travaille hein ! Un chef d'entreprise il est dans le centre, dans le noyau et nous à côté. Je me sens bien dans mon boulot. Bien intégré. *Joël*

– Je suis en dehors du cercle... non au milieu.... je me sens... nan nan nan, au milieu du cercle. Oui je suis intégré, j'aime bien travailler, ils m'ont appris beaucoup de choses. Certains m'ont pris pour aller au milieu, ils m'ont formé pour que je sois comme eux... Mes enfants ils se mettent où ils veulent, c'est eux qui décident, mais pas des intérims, des boulots fixes, pas comme moi. *Olivier*

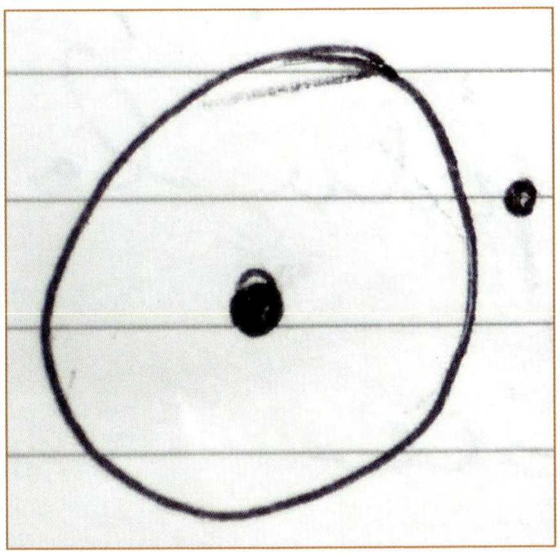

Florence

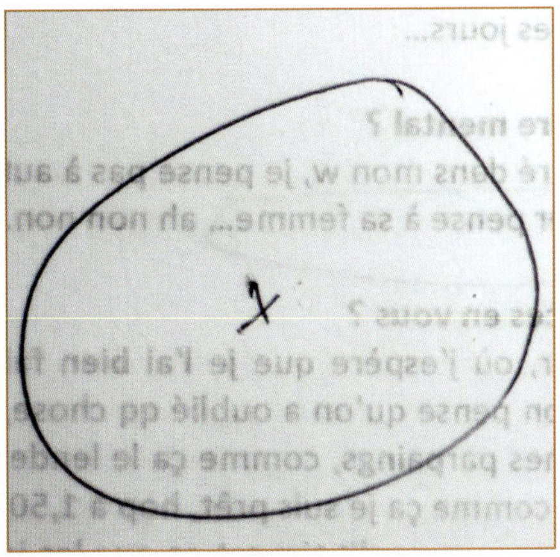

Joël

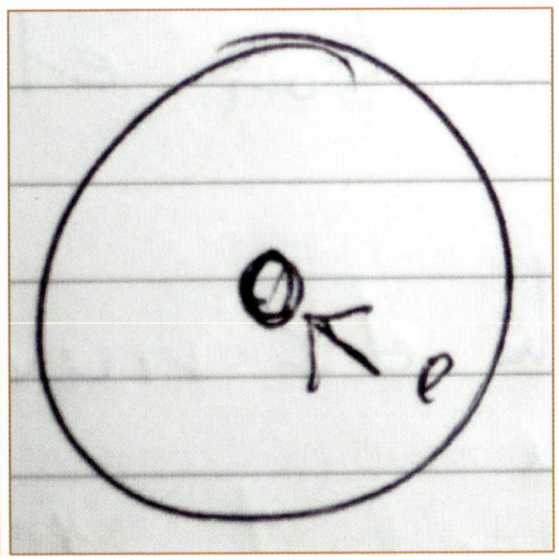

Olivier

Le chantier « De l'argile à la faïence », à Rigné

– Je ne sais pas où je me mets. Je travaille hein alors je peux me mettre dedans ? Mais le travail de moi, il n'est pas si loin que ça ! Je suis dans une bulle dans la bulle du travail ? Ah, je sais pas... *Lætitia*

– Ici on a déjà un pied dans le monde du travail. Je sais que là je suis salariée, mais j'aurai les deux pieds dedans quand je ferai ce que je veux. Mettons le point, je le mettrais là sur la ligne et à l'intérieur, mon objectif à l'intérieur. Ici c'est une grande de marche. J'espère être au milieu le plus vite possible. Difficile de rentrer dans le monde du travail. Avant c'était plus facile. Il faut que j'arrive à y rentrer, c'est une grande chance quand on y est. C'est positif d'y être. Je suis limite de pouvoir rentrer. *Magali*

– Mon cercle de la famille était très loin du travail. Dedans, je suis au centre. Je fais plein de points ? Alors, moi, papa et les enfants, un, deux, trois, quatre, cinq, six... Je me suis rapprochée du travail. Les deux cercles interagissent. Grâce au travail, je vais mieux et la famille aussi. *Nathalie*

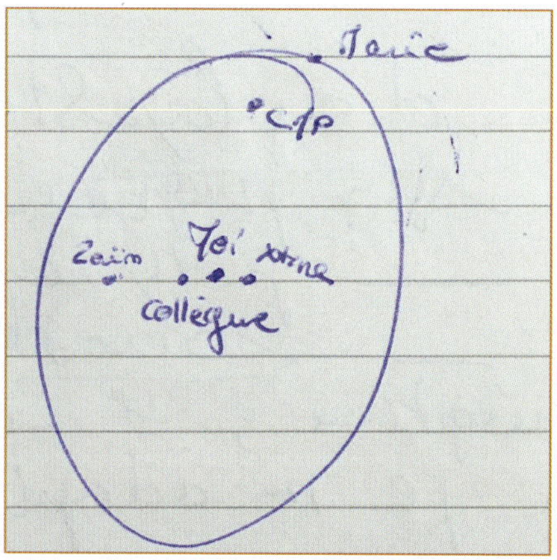

Lætitia

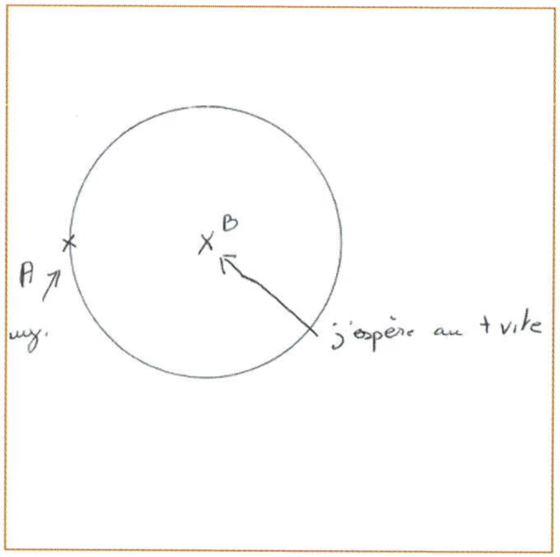

Magali

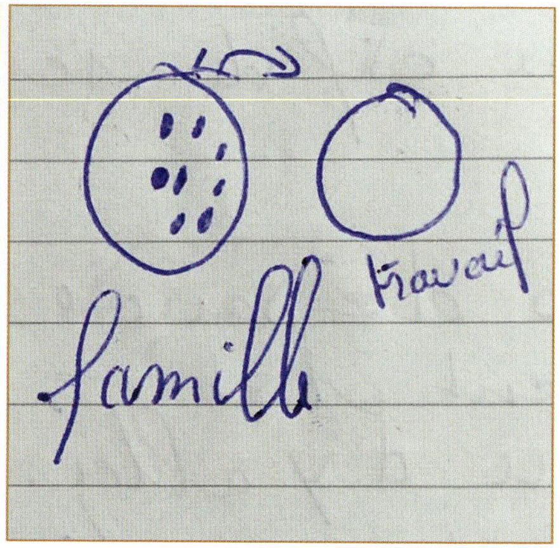

Nathalie

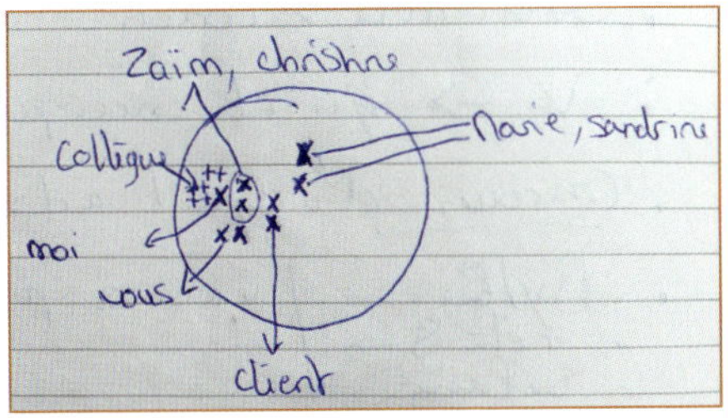

Nelly

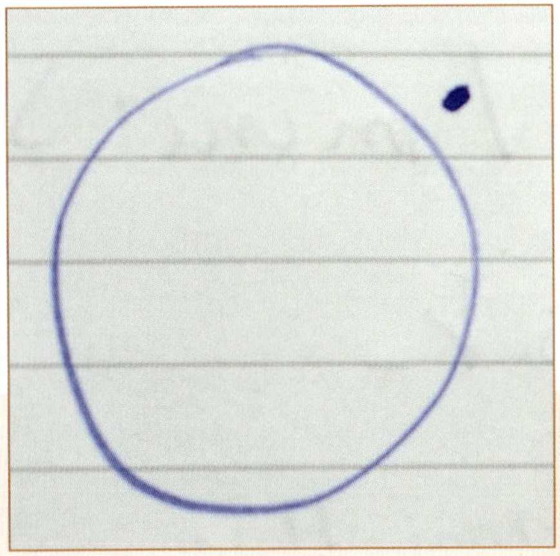

Priscilla

– Je suis pas trop au milieu car je ne suis pas en CDI et pas au bord car je suis salariée sur le chantier. Après si je fais le cercle du travail à Rigné, je suis entourée de Zaïm et de Christine, de mes collègues. Vous, les autres, les clients, ils ont aussi autour. Marie et Sandrine sont plus éloignées. *Nelly*

– Je ne suis pas encore dans le travail, je me sens extérieure au cercle. *Priscilla*

Anonymes

– Je serais plus dedans par rapport à la société. *Anonyme, 20 ans*

– Je me considère comme un vrai salarié, on est payé, on cotise, on nous prélève des charges. On est là ! Avec un CDI, je serais pareil. Tant qu'on travaille, on est dans le monde du travail. *Anonyme 23 ans*

– Je suis une personne en insertion. Je me mets pas loin du bord. *Anonyme, 24 ans*

– Je suis au milieu du cercle avec tous mes collègues autour. Je suis bien entouré. Il me manque un vrai boulot pour être au milieu. *Anonyme, 31 ans*

– Je suis dedans, en bordure à cause de cette fameuse fin de contrat. Au mois de juin, je peux sortir. *Anonyme, 33 ans*

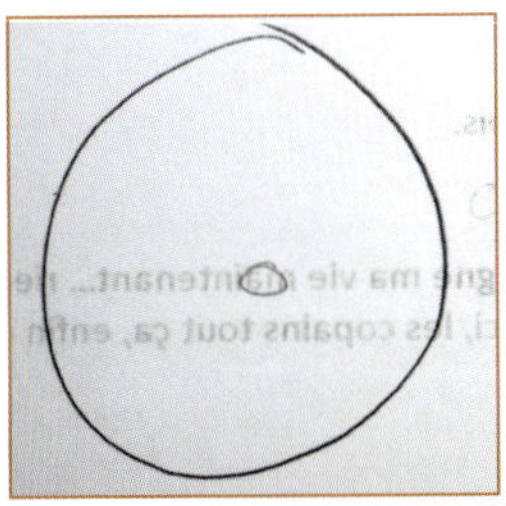

Anonyme, 20 ans

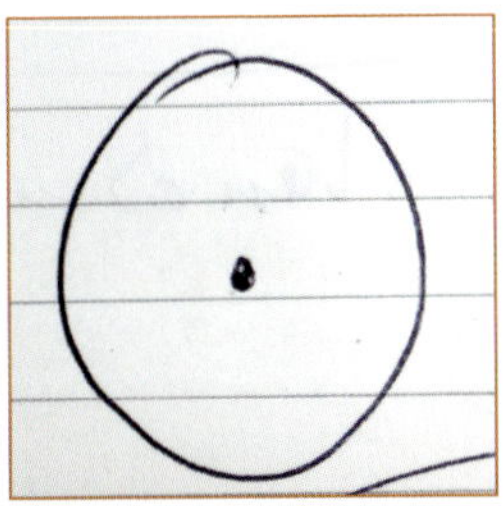

Anonyme, 23 ans

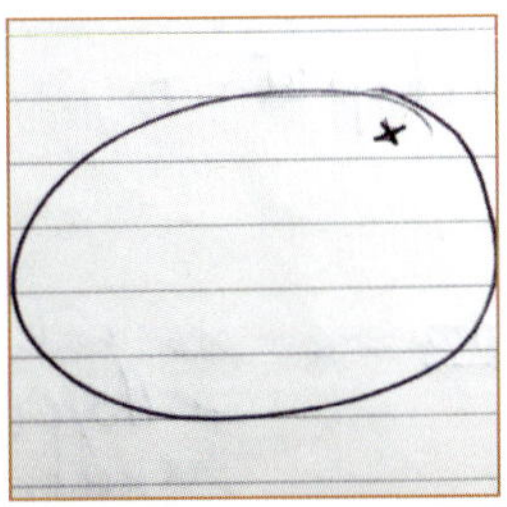

Anonyme, 24 ans

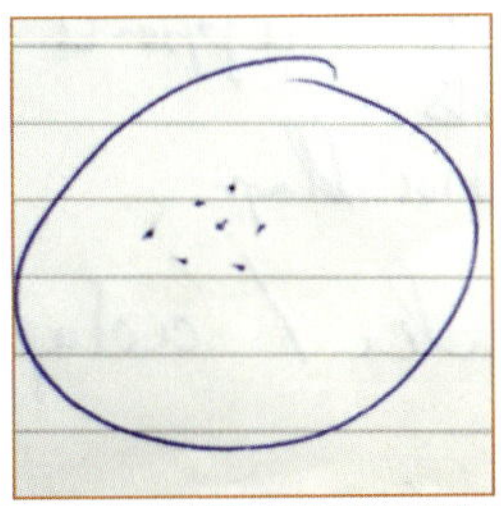

Anonyme, 31 ans

Anonyme, 33 ans

Le chantier du Cébron

– On est un cinquantième de la société, un petit bout.
Les autres sont tous pareils comme moi, on veut s'en sortir, faut taper dans le tas. *Bruno*

– Suis dans le rond, pas dans le milieu toujours, sur un bord. Mettons là. Suis pas dehors, y en a des pires que moi. Les collègues sont sur le même rang que moi. Olivier et Françoise plus hauts que moi mais à côté de nous, de chaque côté.
Dans le milieu, y a tous ceux qui sont plus hauts que nous. Le président, lui, il est à l'autre bout !! Ça serait bien d'être plus dans le milieu quand même, changer d'échelon.
Ma famille est avec moi dans le rond ou plutôt derrière parce que je les protège. *Charley*

– Certainement pas au milieu, je pourrais me mettre là tiens !
Le milieu, c'est le pouvoir, moi je suis pas au pouvoir. Non suis bien en bas de l'échelle. Qu'est-ce que je vais faire en haut moi ? J'ai rien à y faire ! Je laisse la place aux autres... Je me sens bien à l'intérieur, mais j'aurais pu me mettre à l'extérieur, pour une bonne et simple raison, pour ma liberté. Ou alors me mettre à cheval aussi.
Mais oui, j'en fais partie de la société ! *Philippe*

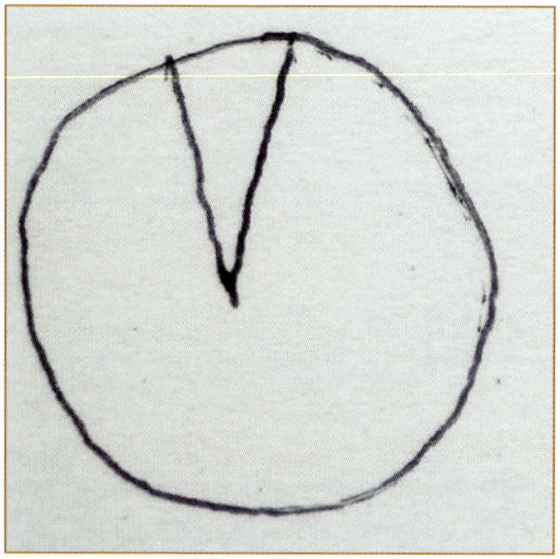

Bruno

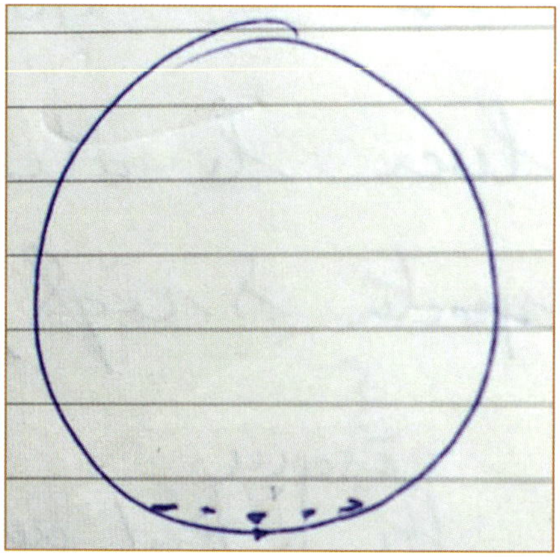

Charley

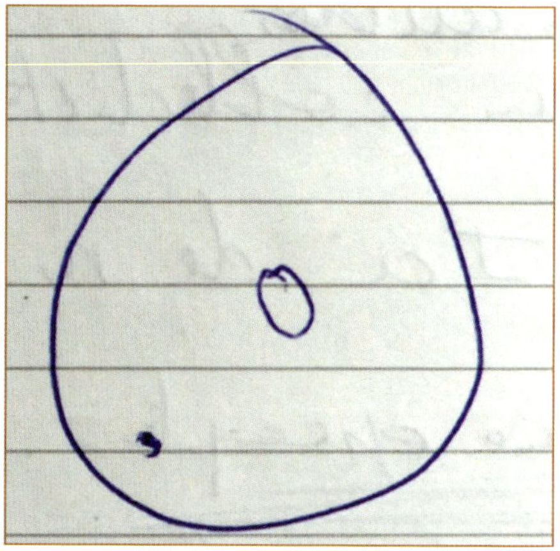

Philippe

Le chantier de Chizé

– *Il rit*... franchement, vu qu'ils s'en foutent de nous, vu les étiquettes, moi en bas. Ceux qui sont en haut ? Je pense aux ministres, les grosses têtes ! *Dimitri*

– Oui, je me sens « inside », pas « outside ». Je sais pas où dedans. Je voudrais être plus intégré dans le travail et la société. Avant, j'étais plus intégré... ma camionnette, dans le village, je parlais plus avec tout le monde, quand je faisais des boulots, j'avais des clients. *Lee*

– Je vais me mettre sur le côté. Parce que je me sens en marge de la société, je refoule beaucoup de gens, mais pas les plus bas, les plus faibles mais les plus hautains. Et ceux-là, c'est le reste du monde, suis en marge, car je m'intéresse pas à eux, je les mets de côté. Suis observateur mais je participe pas.
Mes deux dessins sont un peu illogiques, j'ai besoin du monde mais sans avoir de contact. J'ai besoin d'avoir les gens autour de moi, de les voir bouger, j'apporte quelque chose au travail mais pas aux gens qui sont sur la Terre. *Patrick*

Dimitri

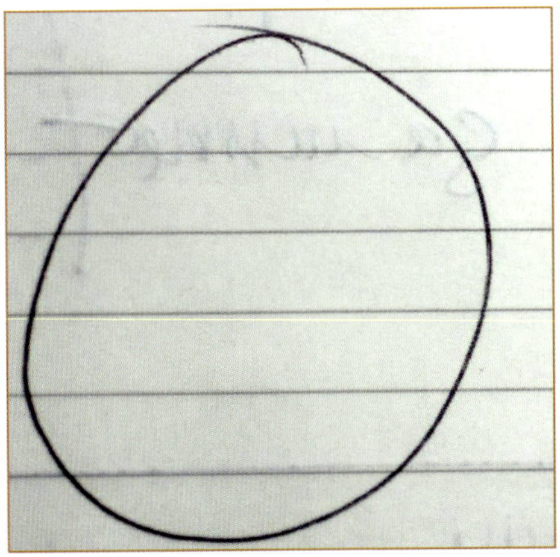

Lee

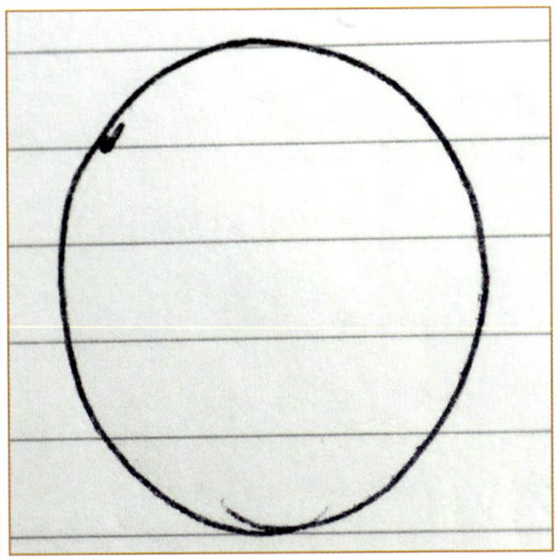

Patrick

Le chantier Méca

– Je serais sur la ligne. Y a des gens mieux intégrés et y a pire que moi, ceux au RSA, qui touchent les allocations familiales, les chômeurs, le clodo, les SDF. J'ai envie d'être au milieu avec un bon travail, une belle maison et une vie de famille. Faut avoir beaucoup de mental pour tenir, je me sens toujours sur la ligne, ça peut basculer, avec tous les problèmes qui font que t'as envie de lâcher... Je veux avancer pour aller au milieu, 'fin même pas au milieu, mais un peu plus loin. J'ai toujours peur d'aller de l'autre côté, j'ai vu déjà avant, dans la rue quoi... *Damien*

– Je ne suis pas en bas, c'est les bébés, les étudiants, les retraités, les chômeurs, ceux qui ont un travail à mi temps, un petit travail et tout en haut le CDI, le boulot stable. Moi je suis le mi temps. *Jérôme*

– Je me mets là car je compte repartir chez moi, à Mayotte. *Madi*

– C'est dur de m'intégrer. Pour bien suivre, faut être habitué. Ça fait quatre ans, je me suis pas encore bien adapté. Je me mettrais en dehors. *Maxime*

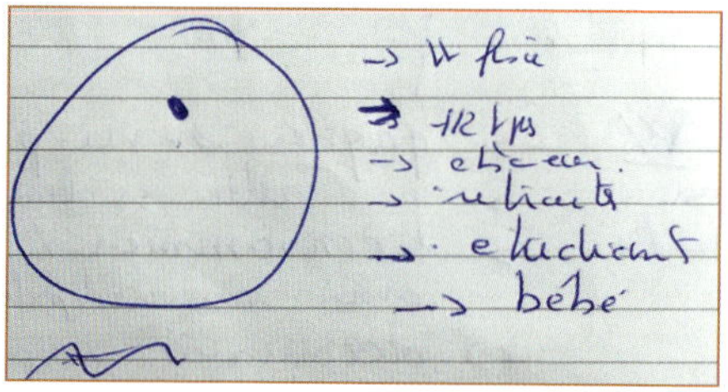

Jérôme

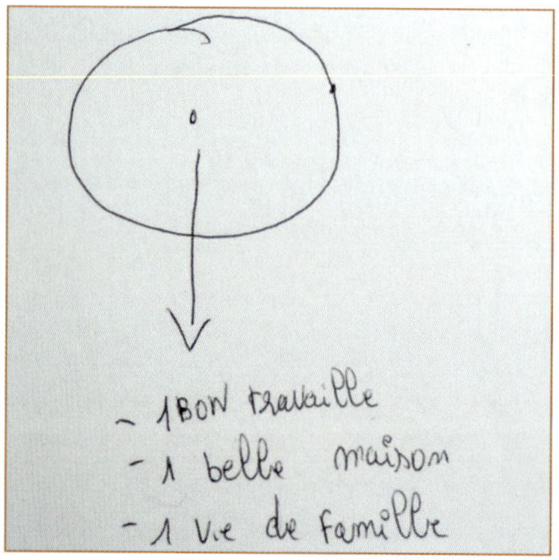

Damien

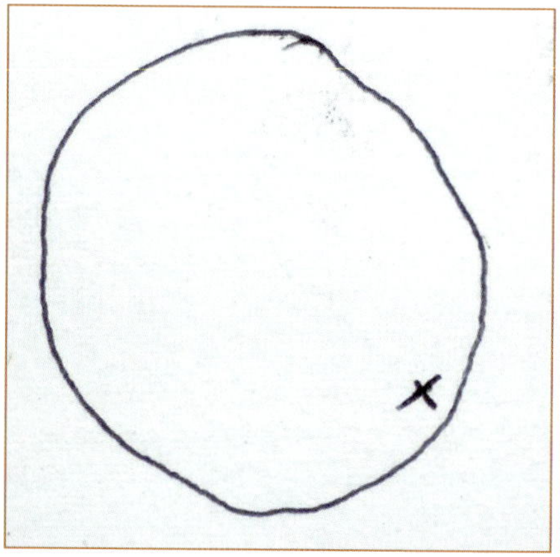

Madi

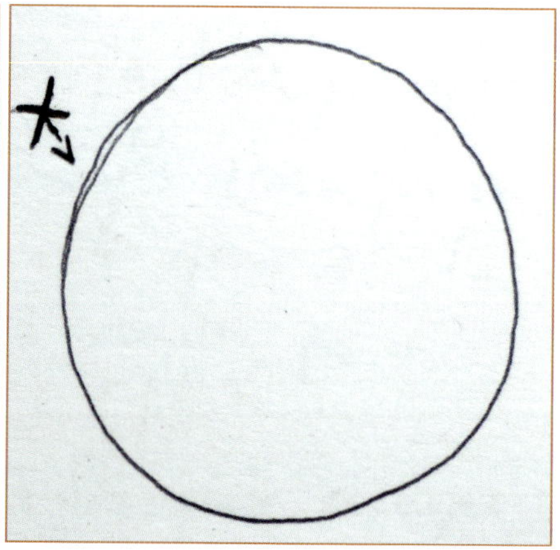

Maxime

La MIPE

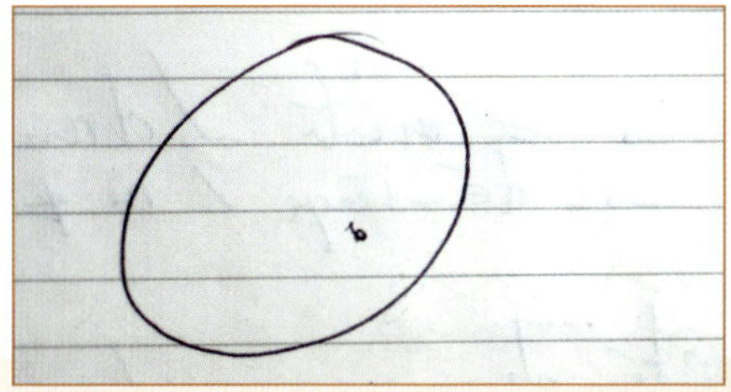

Alex

– Je me mettrais pas au bord, pas au milieu, mais à mi-chemin. Je suis en train de faire des efforts pour arriver au centre. Au milieu, tu tournes sur 360°, tu as la vue sur tout. *Alex*

– Je ne sais pas trop… pas trop au milieu, plus là à cause de la vie actuelle, pas facile, suis dans un petit coin. *Florence*

– C'est pas simple comme question… je me mettrais là, un peu décalé, plus que pour le travail. La société, c'est un truc que je connais pas bien alors que je connais bien mon métier. Je me vois pas au centre, j'ai pas vraiment la connaissance du système, d'amis… avant je fréquentais des copains mais alcooliques, alors des copains comme ça, on s'en passe. Suis tout seul chez moi, je fais mes courses, mon ménage, je vais à la pêche… *Joël*

– Ma place sera sur le côté. On n'aura pas tout appris de la société, une partie. Le patron de chez patron, lui il est au centre. Moi, j'ai pas envie d'être au milieu. C'est pas moi qui prend les coups. Suis bien dans mon petit coin, dans mon monde à moi. *Olivier*

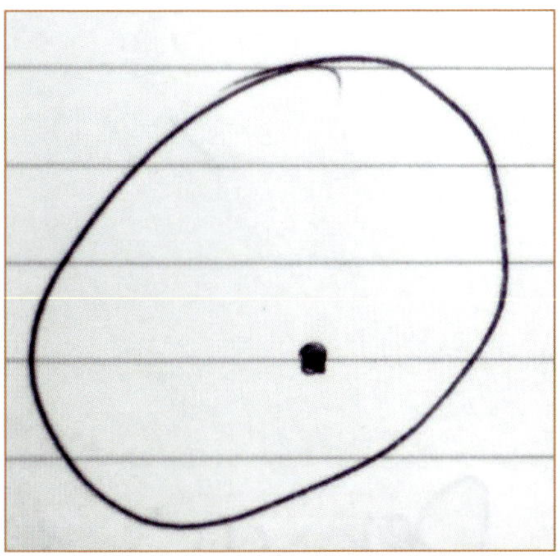

Florence

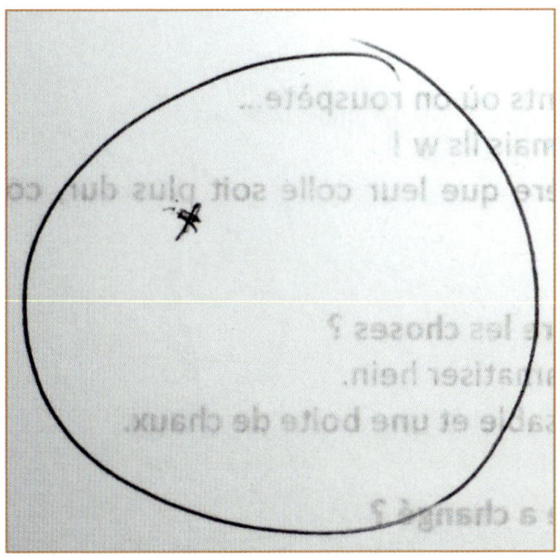

Joël

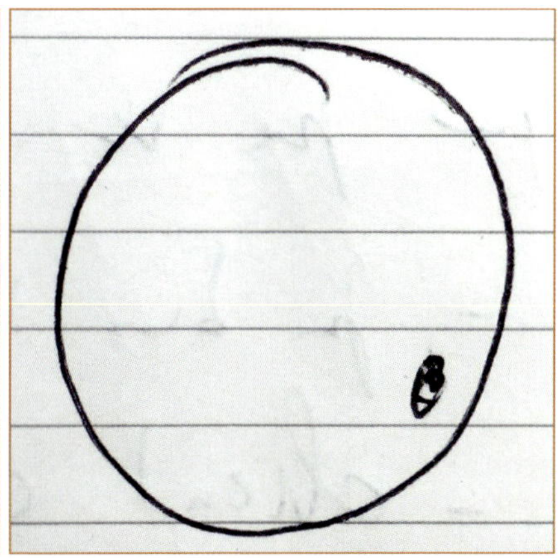

Olivier

Le chantier « De l'argile à la faïence », à Rigné

– Je suis au A. Je voudrais aller jusqu'au B. *Magali*

– Je me mets en plein milieu. *Nathalie*

– Avant le chantier, j'aurais été dehors, mais là maintenant, je suis au milieu. Avant je faisais pas partie de la société, mais là je le vois, je sors plus, je suis moins casanière. Je suis plus dans la société, je vais voir plus de monde. *Nelly*

– Je me sens plus intégrée dans la société (que dans le monde du travail), j'en fais partie quand même. Mais je me sens plus observatrice qu'actrice, je me mets donc en bordure. *Priscilla*

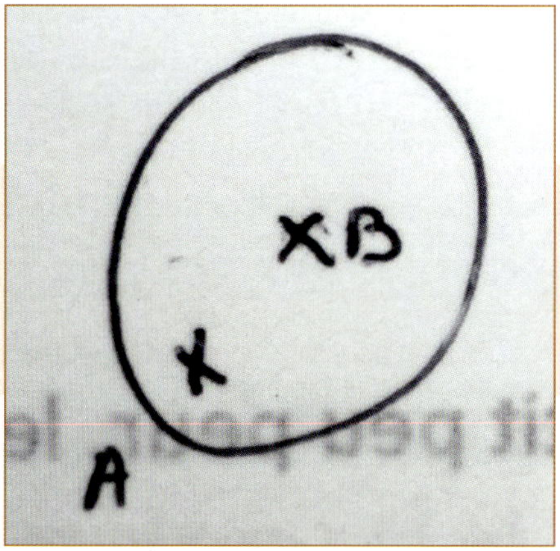

Magali

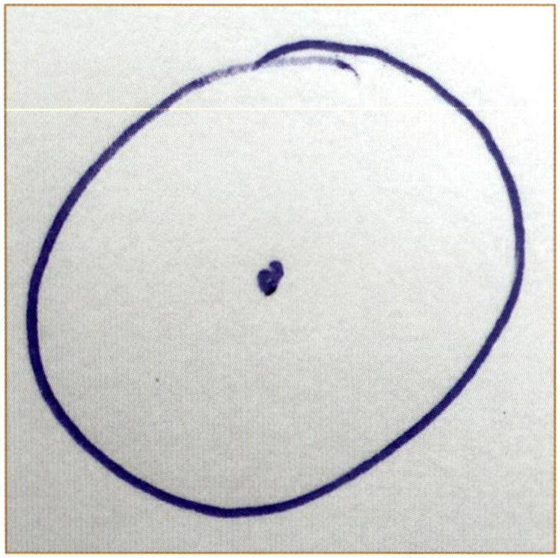
Nathalie

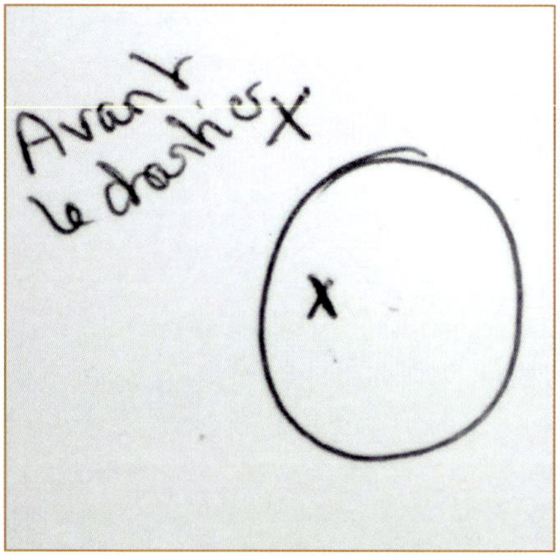

Nelly

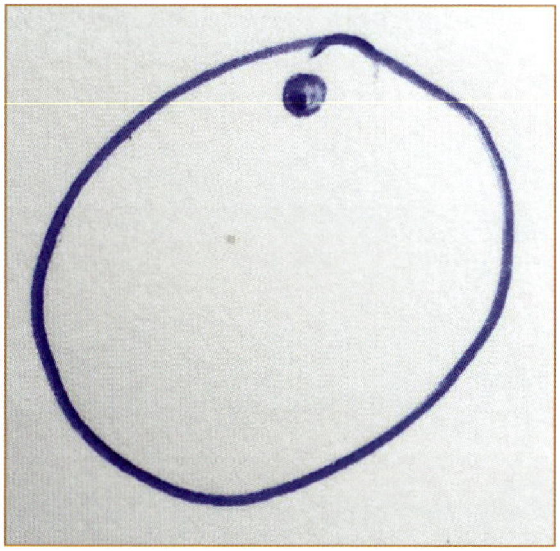
Priscilla

Anonymes

– Toujours à part. Je me vois bien à part par rapport aux gens. Je veux pas être comme tout le monde, c'est mon côté anarchique. Intégré mais à part, par choix. Tout le monde est pareil, tout le monde se ressemble. Je veux pas être comme tout le monde. *Anonyme, vingt ans*

– Je me mettrais dedans déjà, oui, suis quand même dedans, j'ai un salaire en ce moment, je me mettrais au milieu. Avant j'étais en dehors quand j'étais au chômage, j'ai dévié aussi, voilà quoi. *Anonyme, 23 ans*

– Quand on travaille, on est quelqu'un. Travailler c'est être citoyen. *Anonyme, 24 ans*

– Je me mets n'importe où. Suis là et les autres autour. Mon père... ça ferait tout en rond. C'est un tout. Suis pas exclu. Suis dans un tout. L'insertion m'aide à m'insérer dans le travail. *Anonyme, 31 ans*

– Je suis copain avec tout le monde... je me place ici. En plein milieu, on serait bien intégré. *Anonyme, 33 ans*

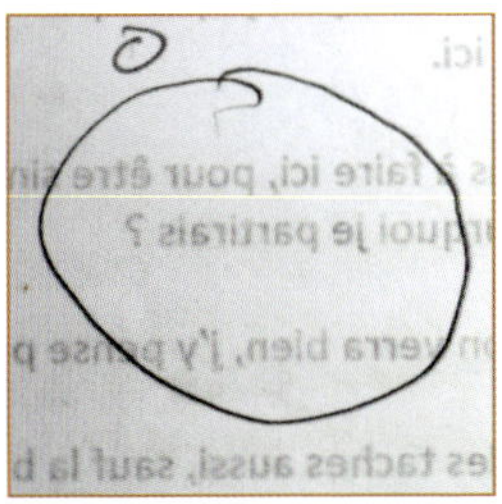

Anonyme, 20 ans

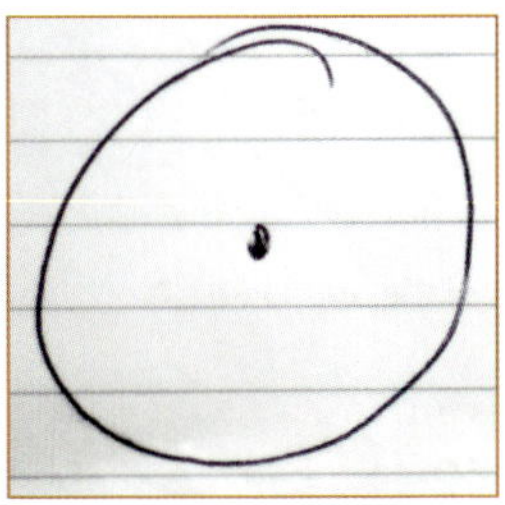

Anonyme, 23 ans

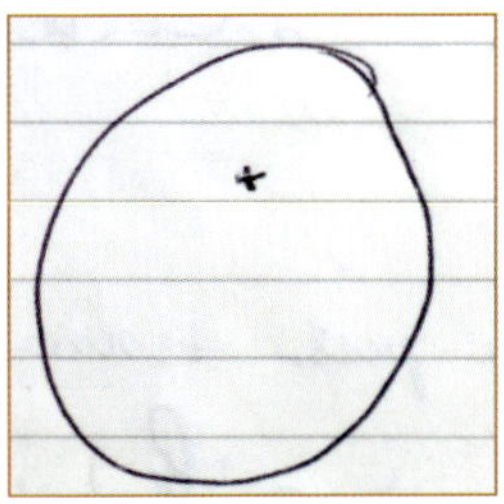

Anonyme, 24 ans

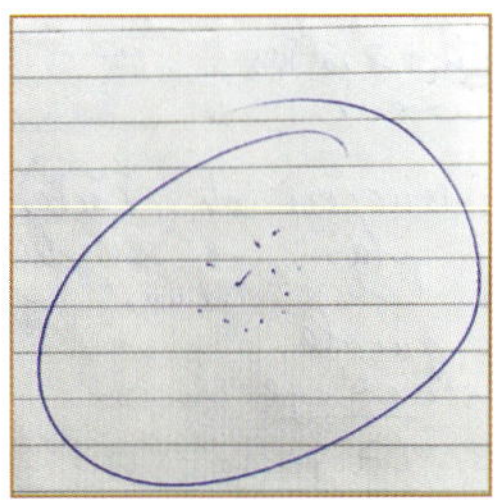

Anonyme, 31 ans

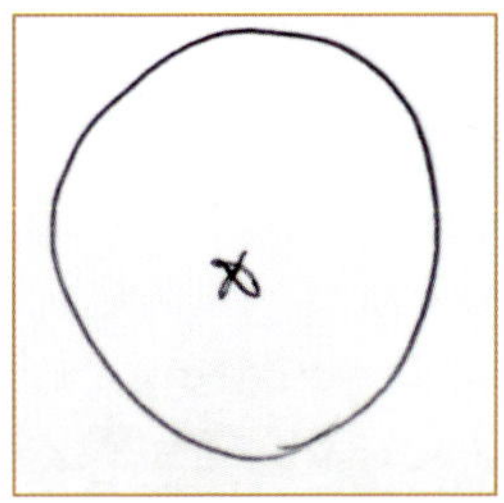

Anonyme, 33 ans

L'AUTEUR

Historienne des entreprises et auteur, Cécile Girardin a navigué dans de nombreux milieux du travail, PME, mutuelle, administration, association. Elle cherche pour chacun de ces environnements l'écriture la plus adaptée passant allégrement de la narration historique à la pièce de théâtre.
Elle aime mener son travail comme une investigation dans les archives, dans le quotidien du personnel et de l'équipe dirigeante et elle apprécie que ses « interviews » soient considérées comme une discussion.

LE PHOTOGRAPHE

Il est auteur photographe depuis plus de vingt ans. Éric Chauvet écrit aujourd'hui des histoires avec son smartphone. Nouvelle écriture, nouvelle approche, liberté de mouvement, il se déplace dans un monde qui se transforme et il le capte avec une autre sensibilité. Terrain d'expression démocratique, il vit cette nouvelle pratique avec les communautés sur les réseaux sociaux. C'est selon lui un moyen d'expression moderne qui permet l'immédiateté et l'expérimentation.
Toutes les images du livre ont été prises avec son iPhone4S (application Hipstamatic, filtre John S et Blanko).

maquette, mise en pages : philippe floris
infogravure : éric rosset
suivi d'édition : louis blais

achevé d'imprimer en octobre 2013
sur les presses de NOVOPRINT (UE)
I.S.B.N. 978-2-36459-045-8

P&M
éditions
patrimoines
médias

impasse guerry - 79230 prahecq / tél 05.49.35.29.58 / www.patrimoines-medias.fr